Expressionismus 02/2015
Der performative Expressionismus

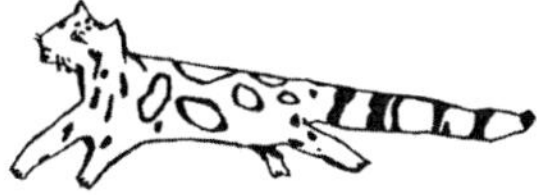

Expressionismus

02/2015

Der performative Expressionismus

Herausgegeben von
Kristin Eichhorn
Johannes S. Lorenzen

Neofelis Verlag

Expressionismus
02/2015: Der performative Expressionismus
Hrsg. v. Kristin Eichhorn / Johannes S. Lorenzen

Bibliografische Information der Deutschen Nationalbibliothek
Die Deutsche Nationalbibliothek verzeichnet diese Publikation in der Deutschen Nationalbibliografie; detaillierte bibliografische Daten sind im Internet über http://dnb.d-nb.de abrufbar.

www.neofelis-verlag.de

Umschlaggestaltung: Marija Skara
Druck: PRESSEL Digitaler Produktionsdruck, Remshalden
Gedruckt auf FSC-zertifiziertem Papier.
ISSN: 2363-5592
ISBN (Print): 978-3-95808-005-8
ISBN (PDF): 978-3-95808-092-8

Erscheinungsweise: zweimal jährlich
Jahresabonnement 24 €, Einzelheft 14 €
Erhältlich in Ihrer Buchhandlung oder direkt beim Neofelis Verlag unter:
vertrieb@neofelis-verlag.de

Ein Abonnement verlängert sich automatisch um ein Jahr, wenn die Kündigung nicht mindestens drei Monate vor Ende des Kalenderjahrs erfolgt ist.

Inhalt

Editorial

Performativität als zentrales Paradigma expressionistischer Ästhetik

Während der Beginn der expressionistischen Literatur maßgeblich von der Gattung Lyrik und so wegweisenden Gedichtzyklen wie Georg Heyms *Der ewige Tag* (1911) Gottfried Benns *Morgue und andere Gedichte* (1912) wie auch mittlerweile kanonisierten Einzeltexten wie Jakob von Hoddis' *Weltende* geprägt wurde, sind es neben der Lyrik und der Prosa besonders das Drama wie auch das in den 1910er Jahren noch relativ neue Medium Film, die die expressionistische Ästhetik einem breiteren Publikum außerhalb der Künstlerkreise und Universitäten näher brachten. So merkt Thomas Anz in seinem Überblickswerk *Literatur des Expressionismus* an:

> Die schon vor dem Krieg geschriebenen Dramen des Expressionismus fanden erst seit 1916/17, als sie mit oft erheblicher Verzögerung in Form von ‚Bühnenkunstwerken' […] zur Aufführung gelangten, größere Resonanz, trugen dann aber, wie später auch die expressionistischen Filme, umso nachdrücklicher dazu bei, den Expressionismus überhaupt in breiteren Kreisen populär zu machen.[1]

Tatsächlich sind es vor allem Dramen wie Walter Hasenclevers *Der Sohn* (1917 uraufgeführt) oder auch epochemachende Filme wie Robert Wienes *Das Cabinet des Dr. Caligari* (1919), die das Performative, Gestische und vor allem Dynamische expressionistischer Kunst zu einem massenwirksamen Kulturgut werden ließen, das so durchaus Teil des sogenannten ‚Zeitgeistes' werden konnte. Spätestens in der Weimarer Republik der 1920er Jahre und in Anbetracht der katastrophalen Wirkungen des Ersten Weltkriegs sowie des Wechsels vom deutschen Kaiserreich hin zu der demokratischen Staatsform wurden expressionistisches Drama und auch Film Teil des ‚Mainstreams', was u. a. einen Wechsel des ernsten Pathos-Dramas hin zur expressionistisch gefärbten Komödie mit sich brachte.[2] Die performativen Aspekte expressionistischer Literatur und Kunst sind jedoch

1 Thomas Anz: *Literatur des Expressionismus.* 2., aktual. u. erw. Aufl. Stuttgart: Metzler 2010, S. 192.

2 Vgl. Hans-Jörg Knobloch: *Das Ende des Expressionismus. Vom der Tragödie zur Komödie.* Bern: Lang 1975, S. 1–3.

bei näherer Betrachtung und unter Berücksichtigung eines erweiterten Performativitätsbegriffs, der sich sowohl metaphorisch als auch gattungsübergreifend manifestiert, zentraler als die bloße Berücksichtigung von Dramatik und Film, die in der Aufführung einer Textvorlage oder einem komplexen Gesamtkunstwerk inklusive technischer Bearbeitung einen direkten Bezug zur performativen Kunst haben.

Die unverkennbaren vitalistischen Einflüsse auf den Expressionismus betonend, erkennt Wolfgang Rothe in seiner Studie *Tänzer und Täter* aus dem Jahr 1979, dass „Bewegung" sowohl als Metapher in der Lyrik als auch als abstraktes Konzept in Manifesten und Prosatexten grundlegend für expressionistische Kunst ist: „‚Bewegung' ist eine der auffälligsten Vokabeln expressionistischer Dichtung, wenn nicht gar die zentrale Idee des Expressionismus schlechthin, Bewegung im allgemeinsten, weitesten Sinne, nicht etwa nur als Bewegung des Körpers und als tänzerische Bewegung."[3] Rothe sieht die Häufigkeit von Motiven wie *Bewegung*, *Tanz* und auch *Dynamik* zwar eingebettet in die sich gleichzeitig entwickelnden Formen des Ausdruckstanzes einer Isadora Duncan oder auch der Lebensreformbewegung,[4] jedoch vielmehr noch als direktes Ergebnis einer Aufnahme des Bilderrepertoires des Jugendstils und der anderen vitalistischen Kunstströmungen vom Ende des 19. Jahrhunderts.[5]

Betrachtet man die Veränderungen im akademischen Forschungsumfeld seit den 1980er Jahren durch den „Cultural Turn" und die daraus resultierenden „Cultural Studies", hat sich zu einem rein theatralischen in Theater und freier Kunst und einem metaphorischen Performativitätsbegriff in Literatur und Textvorlagen noch ein weiterer, weitaus umfassenderer Begriff von Performativität gebildet, der Kultur und damit verbundene Bereiche als durch und durch performativ kennzeichnet. So ist Performativität laut Jörg Volbers „das Phänomen, dass ‚Wirklichkeiten', auf die sich bestimmte Handlungen

3 Vgl. Wolfgang Rothe: *Tänzer und Täter. Gestalten des Expressionismus*. Frankfurt am Main: Klostermann 1979, S. 55.

4 Vgl. ebd., S. 50.

5 Vgl. die immer noch grundlegende Studie von Gunter Martens: *Vitalismus und Expressionismus. Ein Beitrag zur Genese und Deutung expressionistischer Stilstrukturen und Motive*. Stuttgart: Kohlhammer 1971.

beziehen, erst *im Akt* dieser Bezugnahme – erst durch den Vollzug der jeweiligen Handlung – hervorgebracht werden."[6]
Zu maßgeblichem Einfluss kam dieser, erst im Nachhinein umfassender formulierte Performativitätsbegriff besonders durch Überlegungen aus einer neuen Strömung des Feminismus Anfang der 1990er Jahre. Unter dem weiter gefassten Terminus „Gender Studies" wurden Geschlecht und damit verbundene Identitätsmerkmale entgegen der allgemeinen Konventionen von Biologie und Anthropologie nunmehr als performativer Akt der Einschreibung körperlicher Materie in bedeutungsstiftende Diskurse von Identität, Sexualität und gesellschaftlichen Anerkennungsprozessen angesehen.[7] Materialität, im weitesten Sinne Leiblichkeit inklusive Gestik und Mimik sowie bedeutungsstiftende Diskurssysteme inklusive ästhetischer Diskurse, sind die drei Bereiche, die dabei allen hier skizzierten Performativitätsbegriffen als kleinster gemeinsamer Nenner gemeinsam sind.
Wie das zweite Heft der Zeitschrift *Expressionismus* zeigen möchte, sind alle drei Auffassungen von Performativität bereits in expressionistischer Kunst enthalten bzw. lässt sich im historischen Abstand zu den 1910er bis 1930er Jahren expressionistische Ästhetik wenn nicht als Ursprung, so doch als maßgeblicher Einfluss auf die verschiedenen Performativitätstopoi des späteren 20. Jahrhunderts sehen. Während Erika Fischer-Lichte eine „Ästhetik des Performativen" in den Künsten seit den 1960er Jahren ausmacht und damit eine Verschiebung von der Deutungshoheit des Textes hin zu dem performativen Zusammenspiel zwischen Zuschauer bzw. Hörer attestiert, die das Kunstwerk als solches erst entstehen ließe,[8] sieht der Literaturwissenschaftler Nikolas Buck mit Blick auf den Dadaismus die These insofern für die literarische Avantgarde in Frage gestellt, als beispielsweise eklatante Unterschiede zwischen programmatischer „Performanz" in

6 Jörg Volbers: *Performative Kultur: Eine Einführung.* Wiesbaden: Springer VS 2014, S. 1.

7 Vgl. Judith Butler: *Das Unbehagen der Geschlechter*, aus d. Amer. v. Kathrina Menke. Frankfurt am Main: Suhrkamp 1991, S. 190–207. Butlers Werk über Geschlechtsidentität und die normativen Raster sexueller Codierung, 1990 unter dem Titel *Gender Trouble* erstmalig in den USA erschienen, kann als prägender Anstoß der Veränderung in den Geisteswissenschaften gesehen werden, Kultur nicht mehr als statisch ablaufende Ideengeschichte, sondern als performativ sich ergebendes Konstrukt verschiedener Diskurse zu sehen.

8 Vgl. Erika Fischer-Lichte: *Ästhetik des Performativen.* Frankfurt am Main: Suhrkamp 2004, S. 29–30.

den Manifesten der Dadaisten und der tatsächlichen Überführung solcher performativen Ästhetik in kulturelle Lebenspraxis bestehen.[9] Während die Dadaisten mit ihren Lesungen und Veranstaltungen noch am ehesten Literatur und Text unter direkten performativen Aspekten transportieren – besonders die Auflösung eines verständlichen Textgebildes in Laute, akustische Reize oder das Spiel mit ‚falschen', pöbelnden Zuhörern, die in Wahrheit selbst Dada-Künstler waren –, ist doch eine gewisse Differenzierung zwischen dadaistischen Literaturexperimenten, den in den Manifesten konstatierten Absichten der performativen Transformation des Lebens durch Kunst und der direkten Performancekunst einer Marina Abramovic vorzunehmen.[10]

Dass bereits spätexpressionistische Künstlergruppen wie die polnische Gruppe „Bunt" und ihre Nachfolgergruppe „Die Kommune" zwischen den beiden Weltkriegen Text und performative Absicht in avantgardistischer Manier und den Dadaismus vorwegnehmend zum Knotenpunkt ihres Schaffens machen, stellt Lydia Głuchowska einleitend in ihrem Beitrag dar.

In der sich ab den 1960ern entwickelnden Performancekunst ist Materialität, oft der eigene Körper des Künstlers oder der Künstlerin, und ihre Wandelbarkeit ein zentraler Punkt. Analog dazu sind die Materialität von Texten, die Aufladung von Requisiten und Beleuchtung mit psychologischen Stimmungen der Figuren, die Auflösung der narrativen Einheit von Zeit und Raum oder auch die komplette Fragmentarisierung von Plot und *point of view* zugunsten bildhafter Motivketten im expressionistischen Film zu sehen.

Die Materialität von Kunst und gerade auch Literatur und ihre Textualität zwischen den neuen Medien Film und Fotografie ist ein wirkmächtiger Aspekt, der, wie der Beitrag von Larissa Kikol in essayistischer und kritischer Weise verdeutlicht, zu einem verkaufsfördernden Klischee des Kunstmarktes und der Filmwirtschaft werden kann, der nur noch wenig oder gar nicht die kunsthistorischen

9 Vgl. Nikolas Buck: Die performative Dimension avantgardistischer Kunst in Theorie und Praxis. In: Promotionskolleg Literaturtheorie als Theorie der Gesellschaft (Hrsg.): *Literatur, Macht, Gesellschaft. Neue Beiträge zur theoretischen Modellierung des Verhältnisses von Literatur und Gesellschaft.* Heidelberg: Winter 2015, S. 237–262, hier S. 260.

10 Vgl. ebd., S. 259–262.

oder ästhetischen Kontexte expressionistischer Kunst und die damit verbundene performatorische Ästhetik berücksichtigt. Im Gegenzug dazu zeigt Florian Zappe auf, dass sich eine an Robert Wiene orientierende, expressionistische Filmästhetik bis in die USA ausgebreitet und in den Regiestil später in Hollywood arbeitender Regisseure Eingang gefunden hat. In seinen Analysen der Kurzfilme *Fall of the House of Usher* und *Lot in Sodom* aus den 1930er Jahren attestiert er den Werken eine „antitextuell-performative" Tradition, die sich von einer ehemals gradlinigen Narration hin zu einer durch Gestik der Schauspieler und schnelle Schnitte und ungewöhnliche Kameraperspektiven fragmentarisch anmutenden Ästhetik entwickelt hat.
Gerade das Drama als Gattung mit direktem Bezug zur Performativität zeigt sich, wie in den zwei Beiträgen von Jean Marie Carey und Herle-Christin Jessen dargestellt wird, in vielen Aspekten wegweisend für spätere Performativitätsparadigmen. Während Carey Franz Marcs Essay *Das abstrakte Theater* aus dem Jahr 1914 in Analogie zu konkreten, jedoch niemals verwirklichten Plänen von Marc und Hugo Ball, Shakespeares Stück *The Tempest* in expressionistischer Manier aufzuführen, liest, Theorie und (geplante) Aufführungspraxis gegenüberstellt und damit den Einfluss performativer Ideale auch auf den ansonsten als bildnerischen Künstler bekannt gewordenen Franz Marc zeigt, analysiert Jessen die performativen Aspekte in Federico García Lorcas Stück *El público*, das zwischen 1929 und 1930 entstand. Nicht nur wird die Übernahme expressionistischer Konventionen in der spanischen Literatur der Moderne klar herausgearbeitet, sondern es werden in Lorcas Stück sowohl performative Aufführungspraxis und der offen formulierte Bruch mit dem herkömmlichen „Guckkastentheater" als auch die performative Dimension von Identität, Gesellschaft und nicht zuletzt Sexualität, in diesem Falle besonders Homosexualität, miteinander verschränkt.
Wird damit expressionistische Ästhetik als ein früher Ballungsraum performativer Theorie sichtbar, der weit über die deutsche Literatur und Kunst hinaus Impulse setzt, stehen in einem letzten Abschnitt die Gattung Lyrik und ihr Bezug zur performativen Theorie und Praxis im Zentrum, was sich besonders in Untersuchungen zur Rezeptionsästhetik und dem Textverständnis des Lesers äußert. In Rebecca Schönsees Beitrag über die Lyrik des jüdischen und eher unbekannten Dichters Simon Kronberg werden jüdische Religionspraxis,

chassidische Mystik und ihr starker Einfluss auf die leibliche Metaphorik in Kronbergs messianisch anmutenden Texten herausgestellt. Der dadurch entstehende Anspruch einer performativ hergestellten Neuordnung des Textverständnisses zwischen Leser und Text zeigt sich besonders eindrücklich in dem Bild des Tanzes der Figur Chasán, die durch diesen poetischen Tanz der Worte einen neuen „Schatten" hervorbringt und als eine performative Metaphorik der Vergangenheitsbewältigung lesbar wird. Michael Bahn schließlich beschreibt ein Theaterexperiment, das 2012 mit Studierenden im Theaterforum Kreuzberg in Berlin aufgeführt und in Zusammenarbeit mit Anke Küpper entwickelt worden ist. Darin wird versucht, Texte aus August Stramms Lyriksammlung *Tropfblut. Gedichte aus dem Krieg* in performativer Aufführungspraxis in einem vollkommen neuen dialektischen Rahmen zu deuten. Unter dem Schlagwort der „Theatralen Lyrikuntersuchung" wird so mit herkömmlichen empirischen oder hermeneutischen Analyseverfahren der Rezeptionsästhetik gebrochen und das konkrete Erfahren von Motivik und Metrik in Stramms Gedichten in den Mittelpunkt eines so erfolgenden erweiterten Textverständnisses gestellt.

Wie die hier versammelten Beiträge zu Manifesten, Film, Drama und Lyrik zeigen, ist die Beschäftigung mit den performativen Aspekten expressionistischer Kunst ein größeres Feld, das sich lohnt, intensiver erforscht zu werden. Sowohl Film und Drama als auch expressionistische Theorie werden als wirksamer Einfluss auf europäische und auch amerikanische Kultur der Moderne sichtbar, genauso wie die metaphorische und komplexe Vorwegnahme performativer Kulturparameter in avantgardistischer Kunst und nicht zuletzt den neu ausgerufenen Kulturwissenschaften.

Johannes S. Lorenzen

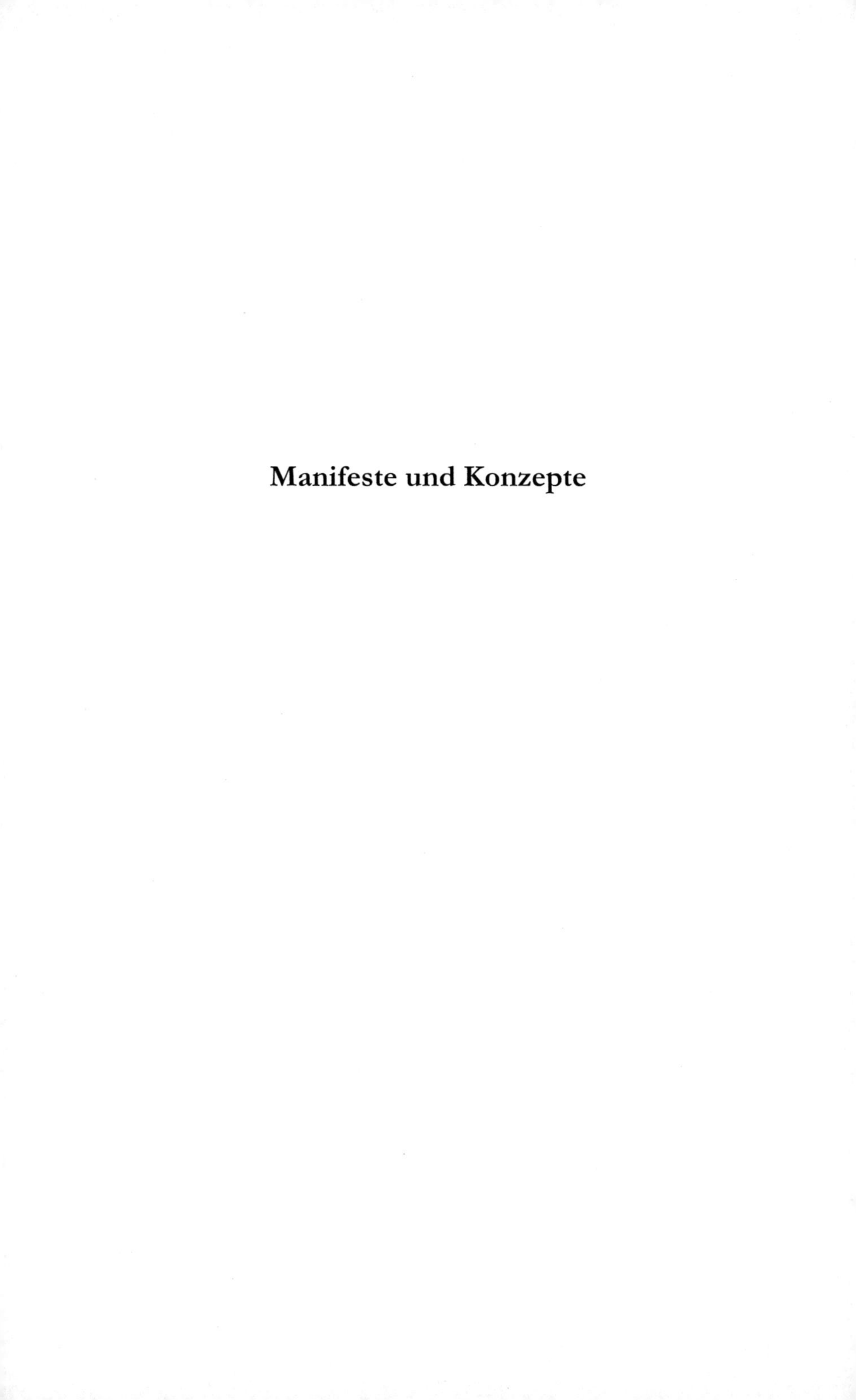

Manifeste und Konzepte

„Nicht unsere Werke sind wichtig, sondern das Leben."

Performative Manifestationen der Gruppen Bunt und Die Kommune. Ihre Geschichte und ihr Echo in der Gegenwart

Lidia Głuchowska

Aktivistische Kunst in der Umbruchszeit des Ersten Weltkriegs und der Revolution

In den ersten Dekaden des 20. Jahrhunderts wurde die Kunst, wesentlicher als je zuvor, zum Spiegel der Beschleunigung wissenschaftlicher Erkenntnisse und technischen Fortschritts, die die Wahrnehmung der Wirklichkeit veränderten. Damit wurde das Bestreben von Kubisten oder Orphisten und Futuristen in Einklang gebracht, die ‚vierte Dimension' in ihren Werken zum Ausdruck zu bringen: das Zeitliche und Geistige.[1] Der Erste Weltkrieg brachte die Erschütterung mit sich, deren Ausdruck kaum durch Rückgriff auf die bewährten künstlerischen Mittel möglich war.[2] Noch mehr zertrümmerte die Erfahrung der Revolution in Russland, Deutschland und Ungarn die alte Weltordnung und ihre Ästhetik. Die Karte Europas veränderte sich radikal und die pazifistische Antikriegsstimmung mischte sich in den werdenden „neuen Staaten" mit dem patriotischen „Hurraoptimismus".[3]

Ausdruck der instabilen Umbruchszeit wurden vor allem die dadaistische Antikunst und der Spätexpressionismus, welche die Weltkatastrophe und den Zerfall von klassischen Formen in der Kunst visuell

1 Linda Dalrymple Henderson: The Fourth Dimension and Non-Euclidean Geometry in Modern Art. Princeton: Princeton UP 1983.

2 Modris Eksteins: *Tanz über Gräben. Die Geburt der Moderne und der Erste Weltkrieg*, aus d. Engl. v. Bernhard Schmid. Hamburg: Rowohlt 1990, S. 93–150.

3 Lidia Głuchowska: The "New World" of the Avant-Garde and the "New States" in Central Europe. Perspectives of a Postnational and Postcolonial New Art History. Postface. In: Hubert van den Berg / Lidia Głuchowska (Hrsg.): *Transnationality, Internationalism and Nationhood. European Avant-Garde in the First Half of the Twentieth Century*. Leuven / Paris / Walpole: Peeters 2013, S. 183–212.

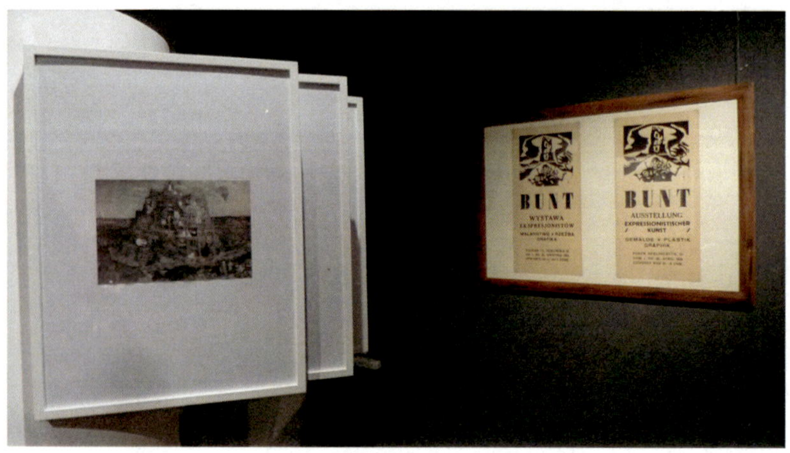

Abb. 1: Plakate der ersten Ausstellung der Gruppe Bunt [Revolte] in Poznań [Posen], April 1918, mit dem Motiv des Linolschnitts von Stanislaw Kubicki *Der Turmbau zu Babel* [*Revolution*], Reprint. Daneben eine der 31 Grafiken, zugehörig zur Präsentation „Ulotka“ [Flyer], inspiriert vom Werk und Programm der Gruppe Bunt [Revolte]: Wojciech Kołacz: *Nowy Ład* [*Die neue Ordnung*], Digitalprint, 2015. Fragment des Arrangements der Ausstellung *‚Bunt‘ – Expressionismus – Grenzübergreifende Avantgarde. Werke aus der Berliner Sammlung von Prof. St. Karol Kubicki* im Muzeum Okręgowe im. Leona Wyczółkowskiego in Bydgoszcz (25.06.–23.08.2015).

zu ihrer ethischen Botschaft machten. Die Parole des Tages wurde Aktivismus, eine Spiegelung des religiösen Sozialismus und kosmischen Kommunismus,[4] in denen die Künstler der Wendezeit ihre Zuflucht und Deutung des aktuellen Geschehens suchten. Weltweit, vor allem in Russland, Deutschland, Ungarn, aber auch in Polen, entstanden Gruppierungen, die engagierte Kunst als einziges adäquates Zeugnis der Zeit und Mittel zur Veränderung der angespannten Lage sahen. Dies kulminierte im Schaffen der zweiten Phase des Expressionismus,[5] welche auffallend zahlreiche performative Manifestationen im Grenzbereich von Kunst und Politik hervorbrachte.

4 Głuchowska: *Avantgarde und Liebe. Margarete und Stanislaw Kubicki*. Berlin: Gebr. Mann 2007, S. 163, 218, 263, 483.

5 Stephanie Barron (Hrsg.): *Expressionismus. Die zweite Generation 1915–1925*, aus d. Engl. v. Wolfgang Himmelberg. München: Prestel 1989.

Bunt bedeutet auch „Revolte": Glossen zum performativen ‚Posener Expressionismus'

Als eine der ersten Gruppierungen des Spätexpressionismus ist die wichtigste frühavantgardistische polnische Künstlervereinigung Bunt (Revolte, 1918–1922)[6] zu nennen, entstanden in Poznań, Hauptstadt der heutigen Woiwodschaft Wielkopolska (Großpolen), welche seit dem Ende des 18. Jahrhunderts von Preußen besetzt und großenteils von Deutschen bewohnt war. Bereits ihr zweisprachiger Name Bunt, der auf aktivistisch-stilistische wie internationalistische Aspekte des Expressionismus hinwies, wurde zum Manifest, welches ein explosives Potential innehatte. Von der sprachen- und grenzübergreifenden Botschaft dieser Gruppierung zeugen ebenso ihre deutsch-polnische Zusammensetzung wie auch die Tatsache, dass die Plakate das ambivalente Motiv vom zerfallenden *Turmbau zu Babel*, einem Linolschnitt Stanislaw Kubickis, zeigten und der Katalog zur ersten Ausstellung zweisprachig gedruckt wurde (vgl. Abb. 1), ferner die gleichzeitige Vorbereitung der Gruppenschau in Poznań und in Berlin. Mit ihren sozial-politisch provokativen Kunstwerken und dem pazifistischen Programm verstieß sie mitten im Großen Krieg ganz gezielt gegen den lokalen Status quo der verfeindeten Nationen, auch durch ihren Aufruf zur Versöhnung.

Selbst die Sonderhefte der Gruppe Bunt in den Zeitschriften *Zdrój* und *Die Aktion* hatten ein ähnliches Profil und die Motive auf den Umschlagseiten stimmten wiederum in stilistisch-inhaltlicher Hinsicht miteinander überein.[7] (Abb. 2, 3) All dies war darauf ausgerichtet, die interaktiven Kunstwerke, Schriften und Aktivitäten der Gruppe möglichst breit, über nationale Grenzen hinweg, zu popularisieren. Nicht ohne Grund: Die einzige Frau in der Gruppe, Margarete Kubicka, die organisatorisch wesentlich zur Umsetzung der Veröffentlichungs- und Ausstellungspläne beitrug, war Deutsche.

In der polnischen Forschung wird die Vereinigung allerdings zumeist mit dem Begriff ‚Posener Expressionismus' etikettiert, was die Tatsache ausblendet, dass ihre Mitglieder das größte internationale

6 Jerzy Malinowski: *Sztuka i nowa wspólnota. Zrzeszenie artystów Bunt 1917–1922*. Wrocław: Wiedza o Kulturze 1991, S. 143.

7 Lidia Głuchowska: *Bunt – Refleks – Ulotka – Ich 7* – performatywna, ekstrerytorialna i międzygeneracyjna „międzynarodówka ducha"? In: Maciej Kurak (Hrsg.): *Ulotka*. Poznań 2015, im Erscheinen.

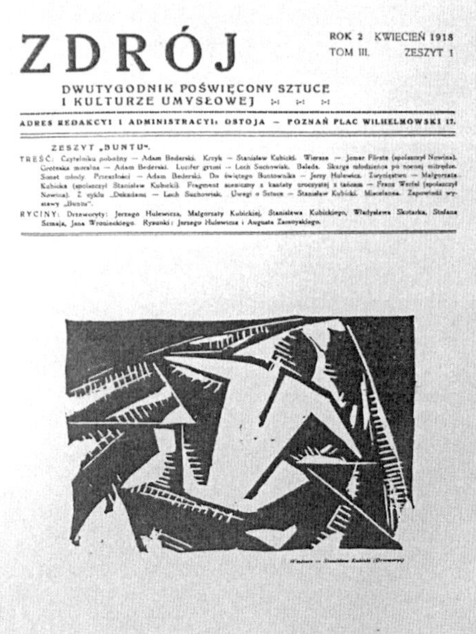
ZDRÓJ

ROK 2 KWIECIEŃ 1918
TOM III. ZESZYT 1

DWUTYGODNIK POŚWIĘCONY SZTUCE
I KULTURZE UMYSŁOWEJ

ADRES REDAKCYI I ADMINISTRACYI: OSTOJA – POZNAŃ PLAC WILHELMOWSKI 17.

ZESZYT „BUNTU".

TREŚĆ: Czytelniku pobożny – Adam Bederski. Krzyk – Stanisław Kubicki. Wiersze – Jomar Förste (spolszczył Nowina). Groteska moralna – Adam Bederski. Lucifer grzmi – Lech Sachowiak. Ballada. Skarga młodzieńca po nocnej mitrędze. Sonet młody. Przeszłości – Adam Bederski. Do świętego Buntownika – Jerzy Hulewicz. Zwycięstwo – Małgorzata Kubicka (spolszczył Stanisław Kubicki). Fragment niemiecki z kantaty uroczystej z tańcem – Franz Werfel (spolszczył Nowina). Z cyklu „Dekadami – Lech Sachowiak. Uwagi o Sztuce – Stanisław Kubicki. Miscelanea. Zapowiedź wystawy „Buntu".

RYCINY: Drzeworyty: Jerzego Hulewicza, Małgorzaty Kubickiej, Stanisława Kubickiego, Władysława Skotarka, Stefana Szmaja, Jana Wronieckiego. Rysunki: Jerzego Hulewicza i Augusta Zamoyskiego.

Abb. 2
Titelblatt der Sondernummer der Posener Zeitschrift *Zdrój*, der Gruppe Bunt gewidmet (1918, Bd. III, Nr. 1), mit dem Linolschnitt *Der Ruderer* von Stanislaw Kubicki.

künstlerisch-literarische Netzwerk in den damaligen polnischen Gebieten bildeten. Dies bestätigen etwa die in der Zeitschrift *Zdrój* (Quelle, 1917–1922) präsentierten Werke, die keineswegs auf den ‚deutschen Expressionismus' beschränkt blieben, sondern eine repräsentative Werkschau der internationalen Moderne und Avantgarde von imposanter Breite schufen.[8]

Ihre manifestartigen Aussagen druckte die Gruppe nur zu einem geringen Teil ab. Vielmehr trug sie sie auf den *matinées* und *soirées* vor und zwar zugleich auf Deutsch und Polnisch. Die Künstler erklärten ihr neuartiges Werk[9] vor allem öffentlich, im persönlichen Kontakt mit den Vertretern des traditionellen Publikums ihrer Ausstellungen und auf den Begleitveranstaltungen, deren provokative Antiästhetik

8 Lidia Głuchowska: ‚Objektive' Fotografie und konstruierte Kunstgeschichtsschreibung? Anmerkungen zur Geschichte der (kosmo)patriotischen Gruppe BUNT. In: Dies. (Hrsg): *Bunt – Ekspresjonizm – Transgraniczna awangarda. Prace z berlińskiej kolekcji prof. St. Karola Kubickiego / Bunt – Expressionismus – Grenzübergreifende Avantgarde. Werke aus der Berliner Sammlung von Prof. St. Karol Kubicki.* Poznań: Muzeum Narodowe 2015, S. 133–138.

9 Ebd., S. 143.

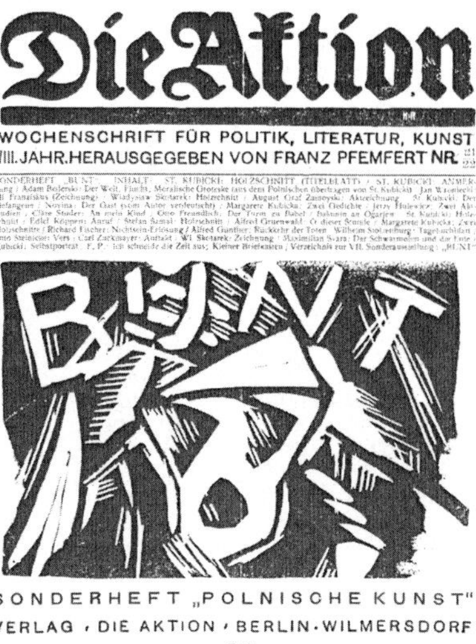
Die Aktion

WOCHENSCHRIFT FÜR POLITIK, LITERATUR, KUNST

VIII. JAHR. HERAUSGEGEBEN VON FRANZ PFEMFERT NR.

BUNT

SONDERHEFT „POLNISCHE KUNST“

VERLAG · DIE AKTION · BERLIN-WILMERSDORF

HEFT 80 PFG.

Abb. 3
Titelblatt der Sondernummer der Berliner Zeitschrift *Die Aktion – Polnische Kunst*, der Gruppe Bunt gewidmet (1918, Bd. VI, Nr. 21–22), mit dem Linolschnitt *Bunt* [*Revolte*] von Stanislaw Kubicki, einer Spiegelung seiner Grafik *Der Ruderer*.

und erotisches wie revolutionäres Sujet einen vehementen Protest national-katholischer Kreise hervorriefen.[10]

Nicht nur in diesem Sinne waren die Aktivitäten der Gruppe ausgesprochen performativ. Zum legendären Statement wurde auch ihre erste Ausstellung im April 1918, für die sie im Eiltempo die bereits erwähnten Plakate mit dem Motiv des *Turmbau zu Babel* druckten. Das geschah, als sie – ausgeladen vom offiziellen Salon der Freunde der Schönen Künste (Towarzystwo Przyjaciół Sztuk Pieknych) – knapp eine Woche danach ihren eigenen ephemeren *Salon des Refusés* ins Leben riefen und zwar, wie die Redaktion der Zeitschrift *Zdrój* in einem Beitrag mit dem bemerkenswerten Titel „Zamach“ (Attentat) berichtete, in privat gemieteten Toiletten unmittelbar bei der ehrwürdigen Institution.[11] Dabei knüpften sie bewusst an die junge Geschichte ihrer impressionistischen Vorgänger in Paris an, über

10 Czesław Ganowicz: Z powodu wystawy „Buntu“. In: *Kurier Poznański*, 14.04.1918, S. 5; Maria Ruszczyńska: Bunt. (Przyczynek do historii sztuki i kultury w Wielkopolsce). In: *Gazeta Narodowa*, 07.04.1918, S. 3–4.

11 [Redaktion]: Zamach. In: *Zdrój* III,2 (1918), S. 57–58. Vgl. [Redaktion]: Sztuki plastyczne – Wystawa „Buntu“. In: *Zdrój*, III,1 (1918), S. 28–29; J[erzy] H[ulewicz]: Sztuki plastyczne. – Wystawa „Buntu“. In: *Zdrój* III,2 (1918), S. 58–60.

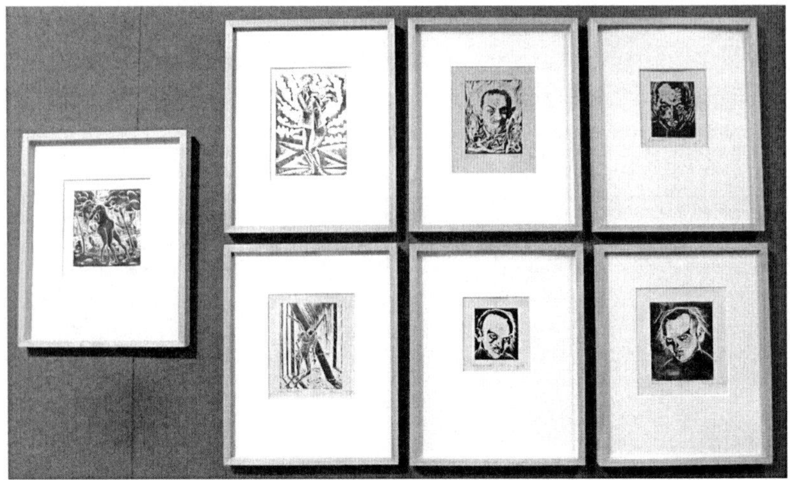

Abb. 4: Wand mit den Werken von Stefan Szmaj in der Ausstellung *‚Bunt' – Expressionismus – Grenzübergreifende Avantgarde* im Muzeum Okręgowe im. Leona Wyczółkowskiego in Bydgoszcz (25.06.–23.08.2015). Links der Linolschnitt *Kuss*, eines der fünf Werke, welche 1918 in Poznań einen *succès du scandale* hervorriefen.

deren Ausstellung im Jahre 1874 das Mitglied der Gruppe Bunt und Herausgeber ihrer Zeitschrift *Zdrój* Jerzy Hulewicz selbst berichtete.[12] Zugleich ähnelte die Aura dieser antiinstitutionellen Manifestation den Auftritten der Zürcher Dadaisten.[13] Die ‚verbotenen' Werke sorgten für viel Aufregung, darunter auch Kritik seitens der nationalkatholischen Presse, die sich über deren „Hässlichkeit", also die expressionistische Synthetisierung der Form und „Unverständlichkeit" beklagte, um den eigentlichen Gegenstand der Vorwürfe – die heiklen politisch-sozialen Themen – zu verschweigen.[14] Ein großer

12 Jerzy Hulewicz: Impresjoniści. In: *Zdrój* I,1 (1917), S. 21–23, *Zdrój* I,2 (1918), S. 25–27, hier S. 23. Vgl. Agnieszka Salamon-Radecka: „Na nas jeszcze nie czas". Kilka uwag na temat genezy i dziejów stowarzyszenia poznańskich ekspresjonistów Bunt. In: *Kronika Miasta Poznania* 3 (2014), S. 335–367, hier S. 348.

13 Lidia Głuchowska: Leerstellen. Was in den Bildern nicht zum Ausdruck kommt, oder Mythos und Wahrheit der Revolution im Werk von Stanisław Kubicki. In: Lidia Głuchowska (Hrsg.): *Stanisław Kubicki – In transitu. Poeta tłumaczy sam siebie / Ein Poet übersetzt sich selbst.* Wrocław: Ośrodek Kultury i Sztuki 2015, S. 136–164, hier S. 138.

14 Ganowicz: Z powodu, S. 5; Ruszczyńska, Bunt, S. 3; Po zamknięciu wystawy „Buntu". In: *Zdrój* III,4 (1918), S. 126; Po Półroczu „Zdroju". In: *Dziennik Kujawski*, 19.04.1918, S. 2–3; Th.: Bunt. Eine Ausstellung polnischer Künstler. In: *Posener Neueste Nachrichten*, 01.04.1918, S. 15.

Teil der ausgestellten Gemälde sei allerdings mit Erfolg verkauft worden,[15] u.a. von einem zur „Kontrolle der Sittlichkeit" entsandten Polizeiinspekteur.[16] Der Auslöser für das sagenhafte Geschehen war ein angeblicher Verstoß zweier Bunt-Mitglieder – August Zamoyski und Stefan Szmaj (Abb. 4) – gegen die Sittlichkeit. Da sie dessen bezichtigt wurden, weil sie es wagten, in ihren fünf Werken einen Kuss oder ein Paar in Umarmung darzustellen, waren sie in aller Munde – eine effektive Werbung und ein wahrer *succès du scandale*, ähnlich wie der anschließende Austausch von Texten und Grafiken für Publikationen mit der Berliner Zeitschrift *Die Aktion* und die Ausstellungen in deren Redaktionsräumen. Dass sich die Veranstaltungen von Bunt auch später großer Popularität erfreuten, zeigt z.B. die Tatsache, dass für den Eintritt zur zweiten sogar Abonnementseintrittskarten ausgestellt wurden.

Appellative Programme sowie manifestartige „Anmerkungen" und „Fragmente"

Im Druck erschien das Programm der Vereinigung ansatzweise in den Sondernummern von *Zdrój* und *Die Aktion* im April und Juni 1918. Darin befanden sich z.B. die von Stanislaw Kubicki, dem *spiritus rector* der Gruppe, in Deutsch und Polnisch verfassten *Uwagi / Anmerkungen*, die nicht nur als sein künstlerisches Credo, sondern auch als *pars pro toto* des Gruppenmanifests gelten können. Ähnlich wie die Beiträge seiner Kollegen weisen sie allerdings einen fragmentarischen Charakter auf. Zusammen bildeten sie eine Art Mosaik in offener Form, welches dem Leser viel Interpretationsspielraum ließ. Jerzy Malinowski schrieb:

> Diese Manifeste äußern das Engagement der neuen Generation gegen die Kunstkonvention um 1900 (*Czytelniku pobożny* [Du, frommer Leser] von Bederski) und für das Freiheitsgefühl (*Do świętego Buntownika* [An den heiligen Revoltierenden] von J. Hulewicz) und sie wenden sich gegen das bourgeoise Bewusstsein, dessen Ausdruck der Ästhetizismus ist (*Uwagi / Anmerkungen* von Kubicki).[17]

15 Bohdan Hulewicz: *Wielkie wczoraj w małym kręgu*. Warszawa: Pax 1973, S. 91.

16 Wacław Rassalski: *Jerzego Hulewicza życie twórcze*. Warszawa 1941, Ms., Zbiory Specjalne Instytutu Sztuki PAN [Spezialsammluingen des Kunstinstituts der Polnischen Akademie der Wissenschaften], Inv.-Nr. 1841, S. 11–12.

17 Übers. u. zit. aus Malinowski: *Sztuka*, S. 25.

Dass sich diese Beiträge gegenseitig ergänzen und ein Gedankengeflecht bilden, weist darauf hin, dass sie als ein kollektives Projekt konzipiert wurden.[18] Am deutlichsten wird das geistige und politische Ziel des Kampfes: die Konzeption des „Neuen Menschen" und der „Neuen Gemeinschaft" von Kubicki formuliert.

Einen interaktiven Charakter weisen auch andere programmatische Texte von Bunt auf, zumeist im *Petit*, im Endteil ihrer Zeitschrift gedruckt, als Briefwechsel mit der Leserschaft. Sie nahmen eine dialogische und nicht autoritär anmutende Form an, was den Eindruck einer offenen Diskussion erwecken sollte.[19] Ebenso wurde das erst im Dezember 1918 formulierte erste kompakte Gruppenprogramm „My" (Wir) kurz vor der allmählichen Auflockerung des engsten Zusammenhangs der Vereinigung mit einem Vermerk „Als Antwort an Herrn St. S. in T." versehen, welcher den Eindruck einer Aufforderung von außen erweckt.[20] Die Bunt-Mitglieder verfassten also ihre Manifeste konsequent in kommunikativer Form, die an die performative Art eines öffentlichen Auftritts erinnerte und ihre Leser als Mitgestalter des Sinns dieser Aussagen aufrief. Die Quintessenz des aktivistisch-antiästhetischen Gruppenprogramms enthält das aphoristische Manifest Kubickis *Poeta a świat* (Der Dichter und die Welt, 1919).[21] Seine Forderungen zur Erneuerung der Menschheit durch die Kunst richtet er in die Zukunft: „Nicht unsere Werke sind wichtig, sondern das Leben."[22]

Und in seinem rhetorisch aufgebauten Manifest *Panującym* (*An die Herrscher*, 1919) gilt die karnevaleske Vision des *mundus inversus* als Aufruf zur Gründung einer „Neuen Gemeinschaft": „Nimm in die Hand die Säge, König, und Du das Beil, Kaiser, um mit heiliger Arbeit das Vernichtete wieder aufzuerbauen. Draußen und drinnen."[23]

18 Głuchowska: *Avantgarde und Liebe*, S. 113–115. Vgl. Wolfgang Asholt / Walter Fähnders: Einleitung. In: Dies. (Hrsg.): *Manifeste und Proklamationen der europäischen Avantgarde (1909–1938)*. Stuttgart / Weimar: Metzler 1995, S. XV–XXX, hier S. XXVI.

19 Salamon-Radecka: „Na nas", S. 347.

20 J.[erzy] H.[ulewicz]: My (Panu St. S. w T. w odpowiedzi). In: *Zdrój* V,5–6 (1918), S. 163–166.

21 Übers. u. zit. aus Stanisław Kubicki: Poeta a świat. In: *Zdrój* IV,1 (1918), S. 1–2, hier S. 1.

22 Ebd.

23 Übers. u. zit. aus Stanisław Kubicki: Panującym. In: *Zdrój* VI,2 (1919), S. 46.

Diese Botschaft kommt ebenfalls im zugleich erschienenen Text *Tamtym coś niecoś* (Denen da sei gesagt) zum Ausdruck: „Verbannen wir aus unserem Wirken jegliche Ästhetik [...]; suchen wir die Wahrheit! [...] Die Kultur der Welt sind wir – die Geistigen!“[24]

Und in seinen Versen wie:

> Bürger! Wohlhabende! Besitzende! Satte! [...] Nur die Verzweiflung ist imstande, euch aus der Zufriedenheit [...] herauszureißen. Das ist es, warum die Tage des Untergangs der Zivilisation und der sinnlichen Kultur immer zu unseren Tagen, zu Tagen des Sonnenaufgangs werden.[25]

In der Äußerung: „Lasst uns von der Idee leben, deren Ausdruck die Kunst wird! [...] Vernichten wir die ‚Kunst‘, rufen wir die Kunst ins Leben!“[26] klingt das Echo der Vernichtungsparolen der Futuristen und Dadaisten nach. Wie sie glaubten auch die Bunt-Künstler an die Kraft des Wortes, die eine „neue Welt“ schaffen könne.[27]

Zweisprachige Manifeste als Beitrag zum avantgardistischen Internationalismus

Bald danach entstanden im Kreis der ‚Posener Expressionisten‘ zweisprachige programmatische Gedichte Stanislaw Kubickis, im Original auf Deutsch und Polnisch verfasst, die sowohl als eine Art Abrechnung mit der Novemberrevolution – vom Enthusiasmus bei deren Ausbruch bis hin zu ihrem illusionslosem Ausklang – als auch als ein Beitrag zum angewandten avantgardistischen Internationalismus anzusehen sind. In den Jahren 1918–1921 sowie am Anfang der 1930er Jahre kann man im Œuvre Kubickis die gleichzeitige Verwendung von Wort und Bild als programmatisch bezeichnen.[28] Um eine effektive Verbreitung seiner Ideen zu befördern, griff er nicht nur auf den naturgemäß internationalen Code der bildenden Kunst zurück,

24 Übers. u. zit. aus Stanisław Kubicki: Tamtym coś niecoś. In: *Zdrój* VI,2 (1919), S. 34–36, hier S. 34.

25 Ebd., 35.

26 Ebd., 34.

27 Vgl. Głuchowska: Leerstellen. Was in den Bildern nicht zum Ausdruck kommt.

28 Lidia Głuchowska: Margarete and Stanisław Kubicki and the Origins of the ‘Bunt’ Group. In: Grażyna Hałasa (Hrsg.): *„Bunt“. Ekspresjonizm Poznański 1917–1925*, Poznań: Muzeum Narodowe 2003, S. 46–64, hier S. 46.

sondern bemühte sich auch, den Partikularismus der Literatursprache zu durchbrechen.

Dass Kubicki in der Zeit vom Ende des Krieges bis zur Revolution, der Neugründung des unabhängigen polnischen Staates und der Einrichtung der Weimarer Republik, eine inhaltlich kohärente Gedichtgruppe schuf und zwar parallel in zwei Sprachen, ist als ein bewusster Versuch zu werten, diese als eine künstlerisch-politische Botschaft transnational in Umlauf zu bringen. Die deutsche Sprache erlangt hier, wie auch in zahlreichen ungarischen, holländischen und tschechischen Veröffentlichungen dieser Zeit, den Stellenwert einer avantgardistischen *Lingua Franca.* Als solche wurde sie zweifellos zum Beispiel auch von den Warschauer Gründern der Zeitschrift *Blok* (Block, 1924–1926) betrachtet. Sie erfüllt dabei dieselbe Funktion wie Esperanto oder Jiddisch für andere Kreise des grenzübergreifenden Universums der Avantgarde.[29]

Auffällig ist, dass einige grundsätzlich optimistische Gedichte aus dem ersten Teil des zweisprachigen Konvoluts, wie *Zuruf / Okrzyk* oder *O. Tag, der Du kommst / O! Dniu, ktory idziesz*, Losungen beinhalten, die der Sprache der politischen Propaganda nahekommen: „Vor uns weht der Duft ungepflügter Äcker und frischer Erde“ /„Przed nami idzie woń pól zaoranych i świeżej ziemi“ und „Aufbruch / Millionen Füße traten den Schutt in die schwarzen Schollen“ / „Pochód / Miljony stóp gruzy w czarną wdeptały glebę“.[30]

An anderen Stellen nimmt die revolutionäre Euphorie die Form einer kosmischen Vision an, wie beispielsweise in dem Gedicht *Zeichen / Znaki*:

> Aufbruch
> Millionen – Weltallsternenproletariat!
> Weltraum erdröhnt im Marsch
> Takt pocht pulsenden Blutes! […]
> einer rief:
> einer Sonne wandern wir entgegen […]
> Jemandes Hand weist auf einen Stern.

29 Benedikt Hjartarson: Anationalism and the Search for the Universal Language. Esperantism and the European Avant-Garde. In: Per Bäckström / Benedikt Hjartarson (Hrsg.): *Decentring the Avant-Garde.* Amsterdam / New York: Rodopi 2014, S. 267–304; Głuchowska: „New World“, S. 205–207.

30 Lidia Głuchowska / Peter Mantis: *Stanislaw Kubicki. Ein Poet übersetzt sich selbst / Poeta tłumaczy sam siebie.* Berlin: WIR 2003, S. 58–59, 66–67. Vgl. Głuchowska: *Stanisław Kubicki – In transitu*, S. 282–283, 294–297.

Miljony – Wszechgwiazdproletariat!
Wszechświat marszem grzmi
taktem stuka w żyłach krwi! [...]
Ktoś krzyknął:
Ku słońcu ruszamy w pochód [...]
Ręka czyjaś wskazuje gwiazdę.[31]

Der Zyklus schließt mit den *Psalmen Noahs*, einer eskapistischen Vision der „Neuen Gemeinschaft“. Dies lässt sich als Trost an die aktivistischen Kunstrevolutionäre deuten: Die darin enthaltene Vision von Chaos und Sintflut birgt, wie in den Zeiten des Aufruhrs, den Schimmer einer Hoffnung. Der performative Gestus gleitet in eine religiöse Konsolation.

Performativer Manifestantismus der anarchistischen Gruppe Die Kommune

Als Kulmination des performativen Manifestantismus[32] der Gruppe Bunt, welcher in der Parole „Nicht unsere Werke sind wichtig, sondern das Leben“ zusammengefasst werden kann, ist der Auftritt ihrer Mitglieder auf dem Kongresses der Union fortschrittlicher internationaler Künstler 1922 in Düsseldorf zu deuten. Dort trug der radikale Kern der Posener Künstlervereinigung, das Künstlerpaar Kubicki, zusammen mit der von ihnen mitbegründeten ephemeren Künstlergruppe Die Kommune, Thesen ihrer zweier Manifeste öffentlich vor. Als Separatisten des Kongresses veröffentlichten sie anschließend einen Teil davon in der Berliner Zeitschrift *Die Aktion*.[33]

Die beiden *Manifeste der Kommune* enthalten die für den Anarchismus typischen Losungen der Ablehnung nationaler Abgrenzungen und jeglicher Ansprüche auf Vorherrschaft. Sie postulieren eine Inkongruenz der künstlerischen Aussagen, ohne dadurch den Zusammenhalt der Gruppe infrage zu stellen. Ihre Thesen stehen den *Anmerkungen* Kubickis nahe. Auch hier gibt es Vorwürfe gegen die bürgerliche Gesellschaft und es wird gefordert, deren Leitlinien nicht

31 Ebd., S. 62–63, vgl. S. 286–289.

32 Wolfgang Asholt und Walter Fähnders prägten den Begriff des Manifestantismus, der das inflationäre Entstehen zahlreicher Manifeste der Avantgarde bedeutet. Asholt / Fähnders: Einleitung, S. XXV, XXVII.

33 Ein Manifest kommunistischer Künstler. In: *Die Aktion* XII, 33–34 (1922), Sp. 481–482.

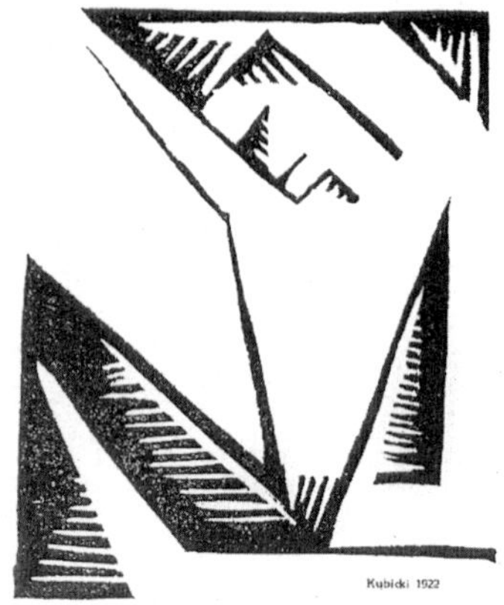

Abb. 5: Einladungszettel zur *Internationalen Ausstellung revolutionärer Künstler* in Berlin 1922, mit dem Motiv des Linolschnitts *Der Einsame* von Stanislaw Kubicki, ca. 1919.

mit intellektueller Kritik, sondern durch eine alternative Existenz entgegenzutreten. Erneut offenbaren sich der Radikalismus und die Abneigung gegen jegliche institutionelle Hierarchie. Wieder stehen der „Neue Mensch" und die internationale Perspektive im Mittelpunkt. Zentrale Aspekte dieses Programms – wie der geistige und sittliche Nonkonformismus sowie die Abneigung gegen Ehrungen und Protektionen – zeigen, dass Die Kommune bewusst einen Platz am Rand der Kunstszene eingenommen hatte. Sie duldete keine offiziellen Strukturen und betonte die künstlerische Unabhängigkeit ihrer Mitglieder:

> Ästhetische Vorschriften machen wir uns nicht, und wir haben nicht die Absicht, sie irgend jemand zu machen. […] Dies ist unser Programm. Seine Thesen sind eindeutig. Sie beruhen auf menschlichen Garantien, nicht auf künstlerischen.[34]

Auf dem Kongress protestierten die Mitglieder von Die Kommune gegen den Kommerz auf dem Kunstmarkt und die Falschheit des künstlerischen Internationalismus. Dies fand dann nochmals einen

34 Zit. aus Margarete Kubicka u. a.: *Manifest der Kommune*, 1922 (Flugblatt), Nachdruck in: Helga Kliemann: *Die Novembergruppe*. Berlin: Neuer Berliner Kunstverein 1969, S. 66.

Ausdruck, als sie als Gegenentwurf dazu die Internationale Ausstellung revolutionärer Künstler in Berlin organisierten (vgl. Abb. 5), bei der sogar die Wahl des Schauplatzes – das Arbeiterviertel Prenzlauer Berg – einen performativen Charakter aufwies, weil dieser einen Bezug zu einer engagierten und nicht ästhetisch-kommerziellen Kunstkonzeption bedeutete. Schon diese Entscheidung an sich war ein aktivistisches Statement, eine Tat Richtung der Ausbildung der utopischen „Neuen Gemeinschaft“.

Performativer Manifestantismus 100 Jahre danach

2015, beinahe 100 Jahre nach dem Entstehen der Gruppe der ‚Posener Expressionisten‘, findet an vier Standorten in Deutschland und Polen die Ausstellung *‚Bunt‘ – Expressionismus – Grenzübergreifende Avantgarde. Werke aus der Berliner Sammlung von Prof. St. Karol Kubicki* statt.[35] Anlass hierfür ist eine großzügige Schenkung von Kunstwerken an die polnischen Museen in Poznań und Bydgoszcz von Prof. St. Karol Kubicki, dem Sohn von Margarete und Stanisław Kubicki.

Unter den ca. 90 Objekten werden neben den Werken der Kubickis – den Initiatoren der deutsch-polnischen Kontakte – Zeichnungen und Grafiken der Künstler Jerzy Hulewicz, Władysław Skotarek, Stefan Szmaj, Jan Jerzy Wroniecki und Jan Panieński präsentiert. Ein bedeutender Teil ihres großenteils verschollenen Œuvres verblieb im Zusammenhang mit ihren Ausstellungen in den Jahren 1918–1922 bis zur jetzigen Schenkung in Berlin (vgl. Abb. 6).

Die Ausstellung expressionistischer Werke wird von der Präsentation der Künstlerprojekte *Refleks* (Reflex, 2014–2015, vgl. Abb. 7), *Ulotka* (Flyer) und *Ich 7* (Sie 7, 2015) begleitet. Inspiriert vom künstlerischen Schaffen und Programm der Gruppe Bunt, schufen über 30 Grafiker aus Poznań und Wrocław außer Arbeiten auf Papier auch Installationen und Filme. In Dresden und Wrocław wird zusätzlich eine Installation aus Glas und Stahl, *Przenikanie* (In-Einander-Greifen) von Karolina Ludwiczak und Marcin Stachowiak, präsentiert, die ebenfalls ihren Dialog mit der Kunst der Gruppe Bunt visualisiert.[36]

35 Die Ausstellung findet an folgenden Orten statt: Muzeum Narodowe, Poznań (19.04.–31.05.2015), Muzeum Okręgowe im. Leona Wyczółkowskiego, Bydgoszcz (25.06.–23.08.2015), Kraszewski-Museum, Dresden (04.09.–08.11.2015) und Dolnośląskie Centrum Fotografii „Domek Romański“, Wrocław (19.11.–12.12.2015).

36 Vgl. Lidia Głuchowska: Schenkung der Kunstwerke der Gruppe Bunt an die

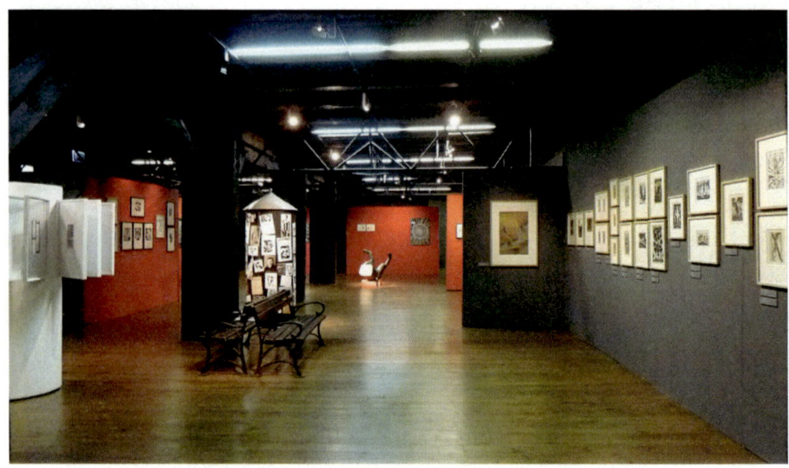

Abb. 6: Arrangement der Schenkungsausstellung *'Bunt' – Expressionismus – Grenzübergreifende Avantgarde* im Muzeum Okręgowe in Bydgoszcz. Generalansicht. Links: einer der zwei Ständer der zeitgenössischen Kunstpräsentation *Ulotka* (Flyer) sowie Linolschnitte und Zeichnungen von Stanislaw Kubicki. Rechts: Werke von Stefan Szmaj aus dem Besitz dieses Museums sowie des Muzeum Narodowe in Poznań und einer Privatsammlung (alle ehemals Sammlung Kubicki). Hinten Teilansicht der Kunstpräsentation *Ich 7* (Sie 7), die Plastik *Cerber* von Małgorzata Kopczyńska, der Linolschnitt *Transfiguration* von Andrzej Bobrowski und Digitalprints aus der Serie *Cnoty kardynalne* (Haupttugenden) von Maciej Kurak.

Die Ersteröffnung der Schenkungsausstellung *'Bunt' – Expressionismus – Grenzübergreifende Avantgarde* hat deren ursprüngliches Konzept nur teilweise berücksichtigt, da die Präsentation auf den „historischen" Teil sowie auf das Projekt *Refleks* beschränkt werden musste. Die Vernissage von *Ulotka* am 16. Mai 2015 wurde daher in das benachbarte Gebäude des Squat *Od-Zysk* und deren weitere Präsentation in das anarchistische Club-Café *Zemsta* (Rache) verlagert.[37] An den Wänden im Squat hängten die Künstler ein Banner mit einem

polnischen Museen und die Ausstellungstour *'Bunt' – Expressionismus – Grenzübergreifende Avantgarde. Werke aus der Berliner Sammlung von Prof. St. Karol Kubicki.* In: Dies.: *Stanisław Kubicki – In transitu*, S. 422– 431.

37 Natalia Mazur: „Sztuka niewarta Poznania" na squacie Od:Zysk. Bunt artystów nie zmieścił się w Muzeum Narodowym. http://poznan.gazeta.pl/poznan/1,36001,17933500,_Sztuka_niewarta_Poznania__na_squacie_Od_Zysk__Bunt.html; http://www.rozbrat.org/kultura/sztuka-ulicy/4302-sztuka-nie-warta-poznania (Zugriff am 22.05.2015).

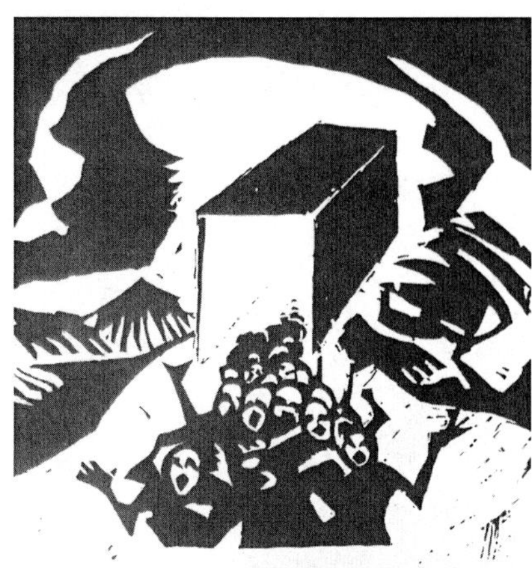

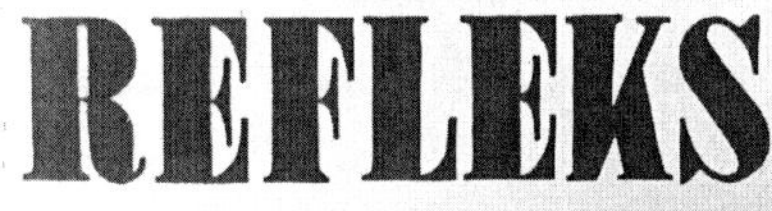

Abb. 7
Andrzej Bobrowski: *Refleks* [*Reflex*], Motiv des Plakats der gleichnamigen Ausstellung in Poznań, die vom Werk und Programm der Gruppe Bunt inspiriert wurde, Linolschnitt, 2014.

ironievollen Wortspiel auf, welches sich auf die Kulturpolitik der Stadtverwaltung und ihrer offiziellen Institutionen bezieht: „Sztuka niewarta POZNANIA“ (Kunst unwert von Poznań), was gleichbedeutend ist mit „Kunst, die des Kennenlernens nicht wert ist“.
Wenn man den Auftakt von *Ulotka* als strategisch konzipiert und als Anknüpfung an die Geschichte von Bunt sehen will, so mag das weitere Schicksal dieser Präsentation und seine Koinzidenz mit der Geschichte der ‚Posener Expressionisten‘ durchaus verblüffen. 1919 fielen Werke von Margarete und Stanisław Kubicki während ihrer Berliner Ausstellung in den Redaktionsräumen von *Die Aktion* einem rechtsradikalen Überfall zum Opfer. Als 2015 *Ulotka* vom Squat *Od-Zysk* in das Club-Café *Zemsta* verlagert wurde, wurden beide Gebäude während einer Randale von Fußballfans des Posener Clubs Legia angezündet.
Bevor dieses Attentat geschah, beschlossen die 31 Gegenwartskünstler, Teilnehmer des Projekts *Ulotka*, Herrn Prof. St. Karol Kubicki, als Antwort auf seine bemerkenswerte Schenkung an die polnischen Museen, das Logo der Ausstellung *‚Bunt‘ – Expressionismus – Grenzübergreifende Avantgarde* zu schenken – ein Linolschnitt von Andrzej Bobrowski, *Trasformacja M/S* (Transformation M[argarete]/S[tanisław], 2015). Ursprünglich wollten sie diesen als symbolische

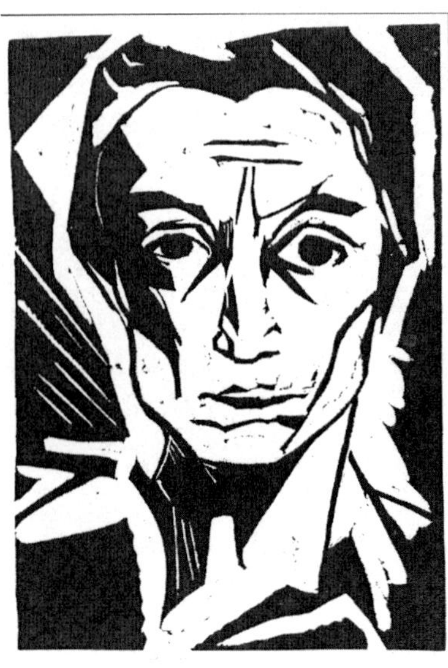

Abb. 8
Margarete Kubicka:
Selbstporträt IV,
Linolschnitt, 1917.

Danksagung für die Stiftung aus Deutschland während der Ausstellungseröffnung im Nationalmuseum Poznań übergeben, was jedoch u. a. aus Sicherheitsgründen nicht möglich war. Die Überreichung fand erst während der Nacht der Museen bei der Vernissage ihrer eigenen Präsentation *Ulotka* statt. Das der Ausstellungskuratorin übergebene Kunstwerk ist ein metaphorisches Doppelporträt der Eltern des Schenkers, welches an deren expressionistische Selbstbildnisse von 1917–1918 anknüpft (Abb. 8, 9). Die Künstler überreichten mit dem Geschenk einen Brief an Prof. St. Karol Kubicki, dessen Inhalt hier als performative Manifestation eines immer noch lebendigen Expressionismus wiedergegeben wird:

> Lieber Herr Professor Kubicki,
> herzlich bedanken wir uns für Ihre Hilfe und Zusammenarbeit, ohne die diese Ausstellung niemals in einem so breiten Umfang hätte zustande kommen können. Die Geschichte mag sich wiederholen. 1918 wurde die Schau der Künstlergruppe *Bunt* im Sitz der Gesellschaft der Schönen Künste *Zachęta* [Anregung] abgesagt, wahrscheinlich aus denselben Gründen [wie unsere Begleitausstellung zur Hauptpräsentation im Nationalmuseum, L. G.] – nämlich die von oben auferlegten Normen, die einem solch [sozial engagierten, L. G.] Schaffen keinen Raum geben. Bemerkenswert ist, dass sich sowohl damals als auch heute eine Gruppe von Künstlern gefunden hat, denen die sozialen und kulturellen Werte nicht gleichgültig sind und die die Kunst nicht ausschließlich als eine dekorative Form verstehen. Wir hoffen, dass die Präsentation der Werke mit Bezug auf das

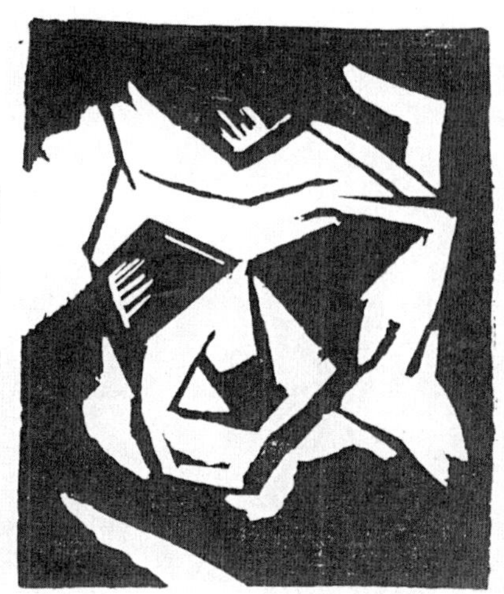

Abb. 9
Stanislaw Kubicki:
Selbstporträt IV,
Linolschnitt,
Zdrój II,1 (1918), S. 8.

> Wirken von Margarete und Stanislaw Kubicki sowie andere *Bunt*-Künstler dazu beitragen wird, den sozialbezogenen Werten wieder mehr Gewicht zu verleihen. Das heißt, den universellen Werten, die über jegliche Grenzen hinweg gültig sind und zur Veränderung der Dinge beitragen, welche unser Leben ausmachen. Im Namen aller Künstler und Mitwirkenden bei den Projekten *Refleks* und *Ulotka* bedanken wir uns für die von Ihnen geschenkten Kunstwerke, welche in Poznań [und Bydgoszcz, L. G.] zurückbleiben werden.[38]

Am Folgetag wurde Prof. St. Karol Kubicki das Logo samt Begleitbrief persönlich überreicht und das ganze Geschehen, eine performative Geste des Andenkens an die ‚Posener Expressionisten‘, in einem Kunstfilm *„Bunt“ – Re-wizja* (*„Bunt“ – Re-vision*) verewigt, welcher auf weiteren Stationen der Wanderausstellung *‚Bunt‘ – Expressionismus – Grenzübergreifende Avantgarde* präsentiert wird (vgl. Abb. 10, 11).[39]

38 Dankschreiben an Prof. St. Karol Kubicki für die Schenkung von Grafiken der Gruppe Bunt im Namen der Künstler, die an den Projekten *Refleks*, *Ulotka* sowie *Ich 7* mitwirkten, übers. v. Lidia Głuchowska. Unterzeichnet u. a. von Andrzej Bobrowski, Grzegorz Nowicki, Małgorzata Kopczyńska, Maciej Kurak, Mateusz Bieczyński, Radosław Włodarski, Marek Glinkowski, Michał Tatarkiewicz, Katarzyna Krawczyk, Krzysztof Balcerowiak und Jarosław Janas.

39 Lidia Głuchowska / Anna Kraśko: *„Bunt“ – Re-wizja* (Kunstfilm) 2015. Ośrodek Kultury i Sztuki we Wrocławiu. Vgl. Lidia Głuchowska: *Bunt – Refleks – Ulotka – Ich 7*, im Erscheinen; dies.: Donacja prof. St. Karola Kubickiego dla polskich muzeów z jego berlińskiej kolekcji i tournée wystawy donacyjnej *„Bunt“ – Ekspresjonizm – Transgraniczna awangarda / ‚Bunt‘ – Expressionismus – Grenzübergreifende Avantgarde*. In: Maciej Kurak (Hrsg.): *Ulotka*, Poznań: Uniwersytet Artystyczny 2015, [S. 7], im Erscheinen; dies.: Schenkung der Kunstwerke der Gruppe *Bunt* an die polnischen Museen und

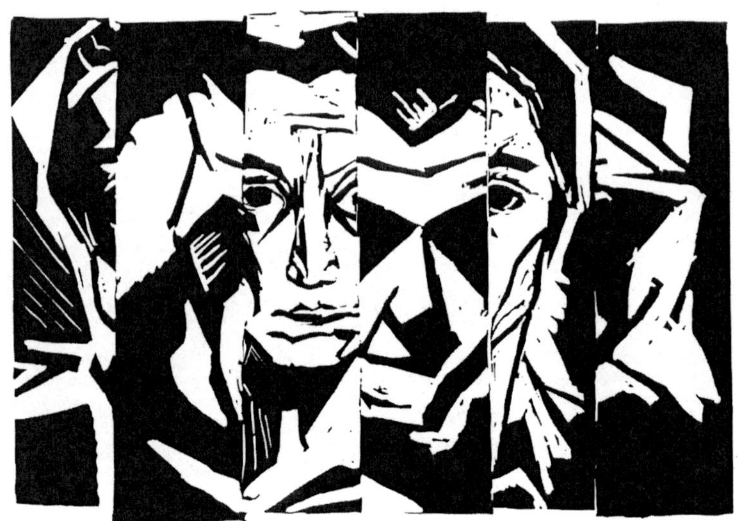

Abb. 10: Andrzej Bobrowski: *Transformation M / S – Projekt*, Linolschnitt, 2015. Logo der Ausstellungstour *‚Bunt' – Expressionismus – Grenzübergreifende Avantgarde.* Ein Doppelporträt der Bunt-Mitglieder Margarete und Stanislaw Kubicki, Eltern von St. Karol Kubicki, inspiriert von ihren Selbstporträts (1917–1918). Geschenk der Posener zeitgenössischen Grafiker an den Stifter der polnischen Museen.

Performativer Manifestantismus als eigentliches ‚Projekt Avantgarde'?

„Der Expressionismus hat alle Eigenschaften eines totalitären Systems",[40] meint Edward Balcerzan, Kenner von Manifesten dieser Stilrichtung und Ideologie, welche im Sinne eines performativen Appells rezeptionsorientiert gemeint und in der Praxis der polnischen Gruppe Bunt wie auch ihrer Nachfolger aus der Gemeinschaft Die Kommune so häufig waren.[41] Der Lebensraum dieser Parole ist die

die Ausstellungstour *‚Bunt' – Expressionismus – Grenzübergreifende Avantgarde. Werke aus der Berliner Sammlung von Prof. St. Karol Kubicki.* In: Głuchowska: *Stanisław Kubicki – In transitu*, S. 422–431.

40 Übers. u. zit. aus Edward Balcerzan: Elementy ekspresjonistyczne. In: *Nurt* 12 (1977), S. 17–19. Vgl. ders.: *Kręgi wtajemniczenia.* Kraków: Wydawnictwo Literackie 1982, S. 268; Wolfgang Asholt / Walter Fähnders: ‚Projekt Avantgarde' – Vorwort. In: Dies. (Hrsg.): *„Die ganze Welt ist eine Manifestation". Die Europäische Avantgarde und ihre Manifeste.* Darmstadt: WBG 1997, S. 1–17, hier S. 8.

41 Asholt / Fähnders: Einleitung, S. XVI–XXX, insb. S. XXV.

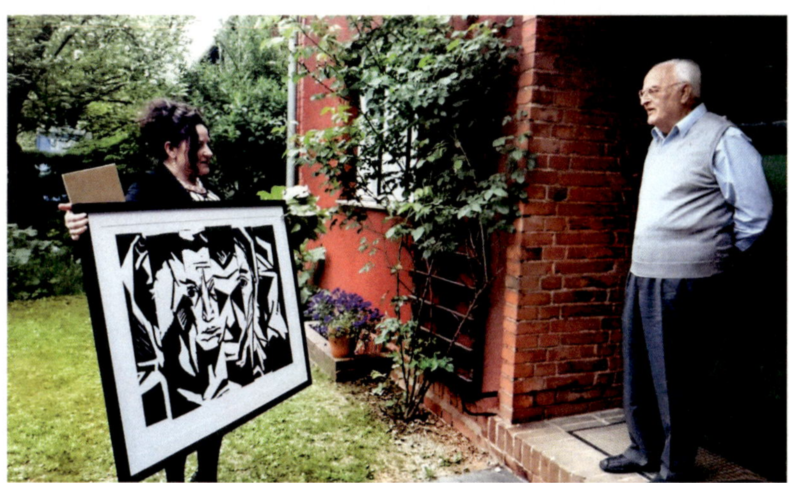

Abb. 11: Übergabe des Dankbarkeitsausdrucks polnischer Gegenwartskünstler an Prof. St. Karol Kubicki, der polnischen Museen 2015 ca. 90 Werke der Gruppe Bunt vermachte. Der Linolschnitt von Andrzej Bobrowski: *Transformation M / S* (2015) sowie ein Begleitschreiben der zeitgenössischen Grafiker aus Poznań wird von Lidia Głuchowska, Kuratorin der Schenkungsausstellung *,Bunt' – Expressionismus – Grenzübergreifende Avantgarde* dem Stifter vor seinem Haus in Berlin-Hufeisensiedlung am 17. Mai 2015 übergeben.

Mündlichkeit und der kollektiv-performative Dialog. Auch gedruckt bewahren sie Elemente der ursprünglichen theatralischen Kommunikationssituation: Apostrophe, rhetorische Fragen, anaphorische Wiederholungsstrukturen, die anfeuernden Ausrufe.[42]

Appellative Rhetorik, programmatischer Gestus und propagandistische Effekte waren zur Blütezeit des Expressionismus u. a. im Milieu der ,Posener Expressionisten' als Symptome des Phänomens Manifestantismus auffallend.[43] Darin lässt sich jenseits aller Vielfalt und Widersprüchlichkeit der avantgardistischen Schreibpraxis die Einheit der Avantgarde erkennen: ihre Utopie des

42 Birgit Wagner: Auslöschen, vernichten, gründen, schaffen: zu den performativen Funktionen der Manifeste. In: Asholt / Fähnders: *„Die ganze Welt ist eine Manifestaion"*, S. 39–57, hier S. 49–50.

43 Głuchowska: *Avantgarde*, S. 113. Vgl. Asholt / Fähnders: *Einleitung*, S. XXVII; Michael Stark: Manifeste des „Neuen Menschen". Die Avantgarde und das Utopische. In: Hubert van den Berg / Ralf Grüttemeier (Hrsg.): *Manifeste: Intentionalität.* Amsterdam / Atlanta: Rodopi 1998, S. 91–118, hier S. 117–118.

Ganzheitsentwurfs.[44] Doch obwohl angenommen wird, dass sich im Manifestantismus das ‚Projekt Avantgarde' realisiert, bricht paradoxerweise das ‚Manifest' zumeist mit der Kommunikation zugunsten neuer Kommunikationsweisen.[45]

Das Erbe des Expressionismus besteht im geringeren Sinne aus ausgeprägten Programmen, vielmehr aus Fragmenten, Projekten der Zukunft, die als utopische Entwürfe gelten können.[46] Die heutige Praxis der Künstler, die daran bewusst anknüpfen, lässt sich als Nachleben dieses „unvollendeten Projekts"[47] empfinden. Die Strategien der Selbstbehauptung Kunstschaffender in der Kunstszene bleiben zum Teil gleich, da der antiinstitutionelle Kampf um die schöpferische Entfaltung immer noch als ihre aktuelle Aufgabe besteht.

44 Asholt / Fähnders: *Manifeste*, S. XVI; Hubertus Gaßner/ Karlheinz Kopanski / Karin Stengel (Hrsg.): *Die Konstruktion der Utopie. Ästhetische Avantgarde und politische Utopie der 20er Jahre*. Marburg: Jonas 1992, S. 7–12.

45 Asholt / Fähnders: Einleitung, S. XXVII, XXV.

46 Vgl. Wolfgang Braunschädel: Hinweise. In: *Archiv für Geschichte des Widerstandes und der Arbeit* 14 (1996), S. 526–572, hier S. 566; Asholt / Fähnders: ‚Projekt Avantgarde', S. 4.

47 Vgl. Jürgen Habermas: *Die Moderne – Ein unvollendetes Projekt. Philosophisch-politische Aufsätze*. Leipzig: Reclam 1990.

Filmische Performanz:
Der Expressionismus und sein Erbe

Das Problem mit dem ‚Expressionistischen'

Ursprung. Gebrauch. Inflation.

Larissa Kikol

Sucht man heute nach zeitgenössischen Filmen, denen ein expressionistischer Einfluss unterstellt werden könnte, glaubt man im ersten Moment an eine große Auswahlmöglichkeit. Im zweiten Moment entgleist der Vergleich jedoch und der expressionistische Anschein wird zu einer flüchtigen Verallgemeinerung. Das Adjektiv ‚expressionistisch' wurde inflationär gebraucht und verlor hierdurch an referenzieller Genauigkeit.
Dieses Problem wird in vorliegendem Essay untersucht werden. Als Diskussionsgegenstand und Fallbeispiel wird der expressionistische Film als dynamisches Gesamtkunstwerk herangezogen. Anhand des allseits bekannten Filmbeispiels *Das Cabinet des Dr. Caligari*[1] soll zunächst erörtert werden, inwiefern der Begriff ‚Gesamtkunstwerk', zu welchem keine allgemeinverbindliche, wissenschaftliche Definition existiert,[2] dennoch anzuwenden ist. Konkrete Aspekte wie die Gestaltung des semiotischen Spielraums durch Kulissenarchitektur, Lichteffekte und Malerei sowie die Performance des Schauspielers in diesem werden untersucht. Es gilt herauszuarbeiten, inwiefern die einzelnen Parameter einander bedingen und warum eine Analyse die Wechselbeziehung der einzelnen Aspekte berücksichtigen sollte. Werden jedoch einzelne Parameter isoliert verglichen oder die technischen und kulturellen Zeitbezüge vorschnell ausgeklammert, können Vergleiche an Substanz verlieren. Schließlich stellt sich die Frage, ob das expressionistische Gesamtkunstwerk sich nicht gerade dadurch auszeichnet, dass es als geschlossenes Kapsel-System kaum Andockstellen für eine repetitive Neuauflage bietet. Somit wäre auch das Adjektiv ‚expressionistisch' mit mehr Vorsicht zu gebrauchen.

1 *Das Cabinet des Dr. Caligari* (D 1920, R: Robert Wiene).

2 Ralf Beil: Gesamtkunstwerk Expressionismus. Vorwort und Dank. In: Ralf Beil / Claudia Dillmann (Hrsg.): *Gesamtkunstwerk Expressionismus. Kunst, Film, Theater, Tanz und Architektur 1905 bis 1925.* Ausstellungskatalog Filmmuseum Frankfurt am Main. Ostfildern: Hatje Cantz 2010, S. 12–22, hier S. 14.

Expressionistischer Ausdruck – Dynamik der Figur

„Der Aufbau des dynamischen Daseins einer Figur, ihr Gehalt an schicksalhafter Bewegung, an Lebensenergie ist kein Ritual sentimentaler Träume, sondern vielmehr ein allerdings dichterisches Wissen um Proportionen und Betonungen.“[3] So beschrieb Rudolf Kurtz 1926 die Darstellung eines japanischen Generals, verfasst von dem Dichter Johannes R. Becher. Die gestalterische Auseinandersetzung mit Proportionen und Betonungen, um das dynamische Selbst und seine dynamischen Verstrickungen in der (Kunst-)Welt sichtbar zu machen, ist ein entsprechendes Charakteristikum, welches in der expressionistischen Bewegung auch in weiteren, künstlerischen Gattungen zum Ausdruck fand. Neben der Malerei ist es auch der Film, der das bewegte Dasein einer Figur zwischen seiner Außen- und Innenwelt thematisiert.

Das Cabinet des Dr. Caligari ist ein Meilenstein der Filmgeschichte und folglich ein omnipräsenter Untersuchungsgegenstand auf dem Feld des expressionistischen Films und der Filmtheorie. Die wissenschaftliche Literatur zu diesem Werk ist fundiert aufgestellt. Beispielhafte Publikationen wurden von Rudolf Kurtz, Siegfried Kracauer oder von Thomas Elsaesser verfasst. Somit wird dieser Essay keine Grundanalyse zu diesem Werk anstreben, sondern lediglich Teilaspekte als Diskussionsgrundlage erwähnen.

Die Kulissenarchitektur in diesem Vorzeigebeispiel weist starke Parallelen zur expressionistischen Malerei und Grafik auf. Sie setzt sich aus großen Flächenkonstruktionen, aus vereinfachten Details, aus der Betonung von Führungslinien von Objekten und Raumkonstruktionen, aus Verkürzungen, Übersteigerungen, Gedrängtem und Gestauchtem sowie aus Diagonalen zusammen.[4] Die Linie, d. h. die Bewegungslinie, ist eine psychologische, welche ihre natürliche Bahn verlässt, auf eine andere zuläuft, aufprallt, umgeleitet, verzerrt und gebrochen wird.[5] Zwischen diesen Bewegungen erstrahlt oder verdunkelt Licht, es trennt, zerstört oder betont einzelne Flächen. So entstehen Städte, Gassen, Landschaften und Innenräume in einem

3 Rudolf Kurtz: *Expressionismus und Film*, hrsg. u. mit einem Nachwort v. Ulrich Johannes Beil / Christian Kiening. Zürich: Chronos 2007 [Nachdruck der Ausgabe von 1926], S. 18.

4 Ebd., S. 54–56.

5 Ebd., S. 123.

spitzen Chaos aus fallenden und aufstrebenden Kräften.[6] Der Schauspieler agiert mit diesen Kunsträumen. Mimik und Gebärden sind Instrumente seines Ausdruckswillens, d.h. er spielt alles andere als naturalistisch. Die Gebärdensprache passt sich der Kulissenarchitektur an und wiederholt ihre Konstruktionslinien. Sie bricht abrupt, fällt schräg ab oder entweicht in Kurven. Zu diesem Zwecke werden die Gebärden bewusst, kontrolliert und akzentuiert eingesetzt.[7] Der Schauspieler bringt durch sein Menschsein eine Naturform mit, die im Gegensatz und in einem Spannungsverhältnis zur szenischen Kunstwelt steht. Diese Naturform wird der zwar expressionistischen Architektur untergeordnet, um das Gesamtwerk zu stärken, sie dient aber auch als wichtiger Zugangspunkt der Zuschauer in die Filmwelt.[8]

Das Ziel des Films ist, ein harmonisches Ganzes zu kreieren, in dem Schauspielerei, Kamera und Kulisse eine Welt darstellen, die in sich geschlossen ist und in Opposition zu der realen, den Menschen vertrauten Welt steht. Diese Kunstwelt gilt als existentielle Bedingung des expressionistischen Films.[9] In dieser Kunstwelt muss sich die Figur in der dort herrschenden Realität zurechtfinden, d.h. sie wird von der expressionistischen Architektur getrieben, von den starken Führungslinien gestochen, bedrängt und hin und her geworfen, bis aus der Figur reiner, natürlicher Ausdruck hervorbricht. Es scheint, als würden in dieser Welt mehrere physikalische Gravitationskräfte herrschen, die untereinander einen erbitterten Kampf ausfechten und in Folge dessen nicht nur die Häuser, sondern auch die Schicksale der Figuren und ihre Mimik beeinflussen. Die emotionale Spannungslinie einer expressionistischen Figur hat natürliche Höhen und Tiefen, es handelt sich jedoch um Koordinaten eines authentischen, psychischen Wesens der Kunstrealität, somit sind sie unvergleichbar mit menschlichen Spannungslinien in der realen Welt.

Weit aufgerissene Augen, verschobene Pupillen, blasse Haut, ein exzentrisches Spiel der Mundregion, ein Knochenbau, der der expressionistischen Statik zu unterliegen scheint und daher dessen Bewegungsimpulsen folgt, sind nur einige Beispiele für eine performative

6 Ebd.

7 Ebd., S. 119–121.

8 Ebd., S. 110.

9 Ebd., S. 114.

Sprache, welche zunächst übertrieben wirkt, sich in ihr Umfeld aber harmonisch und logisch einfügt. Deutlich wird dies u.a. in der 26. Filmminute: Die Figur des Franzis befindet sich in einem Innenraum und bekommt eine angsterregende Nachricht überbracht. Die Gesten, die diesen Gefühlen zur Gestalt verhelfen, fügen sich homogen in die Zimmerarchitektur ein. Sie werden durch die schrägen Wände, das spitz zulaufende Fenster und die kontrastreichen Lichtverhältnisse sogar noch unterstützt: Es scheint, als würden sie sich wie ein Strahlenkranz um die hochgerissenen Arme des Schauspielers reihen.

Die Figur ist in sich eine dynamische Konstruktion, welche von einer dynamischen Welt geboren und aufgezogen wurde. Dieses Motiv ist ein generell expressionistisches, jedoch kann es sich durch die Interdisziplinarität des Films beeindruckend entfalten. Der performative Akt des Schauspielers ist einerseits ein Aneignen und ein Darstellen der Welt-Raum-Realität, andererseits ein Ausdrucksventil für das subjektive Schicksal in dieser.

Im (expressionistischen) Gesamtkunstwerk

Es ist deutlich geworden, dass der expressionistische Film nur als Gesamtkunstwerk funktionieren konnte. Er stellt eine Utopie von Welt dar, d.h. von Ästhetik, Lebensraum, Protagonisten, Emotionen und Handlungsräumen. Es handelt sich stets um einen Gesamtkontext, welcher durch eine gemeinschaftliche Entwurfsarbeit entstand:[10] Zeichen, welche von Regisseuren, Schauspielern, Bühnenbildnern, Malern, Kostümbildnern, Tontechnikern und Autoren kreiert wurden, bilden in ihrem Zusammenschluss eine Totalität, in der das expressionistische Wesen erfahren werden kann. Somit bietet der Film eine ideale Verkörperung der expressionistischen Bewegung, Gesinnung und Weltanschauung. Darin fungiert der einzelne Schauspieler als Erfüllungsgehilfe und Kunstmaterial,[11] ähnlich wie Baustoffe, Farbe und Licht diese Rolle erfüllen.

Wie bereits erwähnt, existiert keine allgemeingültige Definition für ein Gesamtkunstwerk. Bazon Brock versuchte, sich in seinem Essay

10 Beil: Gesamtkunstwerk Expressionismus, S.17.

11 Gerald Köhler: Zum Raum wird hier der Schmerz. Das expressionistische Theater als Gesamtkunstwerk. In: Beil / Dillmann (Hrsg.): *Gesamtkunstwerk Expressionismus*, S. 172–193, hier S. 174.

Der Hang zum Gesamtkunstwerk einer Begriffserklärung zu nähern: Ob nun ein einzelnes Medium, wie ein Gemälde, oder mehrere Medien, welche in einem Film zusammenkommen, ein Gesamtkunstwerk konzipieren, sei nicht entscheidend. Essentiell sei das Konzept ‚Gesamtkunstwerk', das mehrere Wahrnehmungen stimuliert. So kann auch ein Werk der Architektur oder Malerei nicht nur visuelle Reize aussenden, sondern davon ausgehend auch weitere sinnliche und geistige Prozesse anregen. Ergeben diese Prozesse das Erleben und das Bild eines utopischen Gesamtkontextes, zum Beispiel eines Weltsystems, kann ein Gesamtkunstwerk vorliegen. Durch seinen umfassenden Anspruch distanziert sich das Werk von seinem Urheber[12] und wird zu einem autonomen Organismus. Ähnlich ergeht es auch den expressionistischen Schauspielern; auch sie treten als Menschen hinter den Kunstgegenstand zurück.
Für den expressionistischen Film bedeutet dies Folgendes: Da, wie schon herausgearbeitet wurde, er kein singuläres Stilmerkmal enthält, muss er stets in seiner Gesamtheit bedacht werden: Würden Einzelteile wie das Licht oder das Bühnenbild von seinem Ganzen subtrahiert, käme nicht ein etwas weniger expressionistischer Film heraus, sondern ein völlig anderer Film. Somit erhält das implizite Problem allmählich seine Kontur: Wie geht man mit expressionistischen Einzelelementen um? Wie lässt sich der expressionistische Film als Gesamtkunstwerk vergleichen? Was kann das Adjektiv ‚expressionistisch' heute noch leisten und wann wird es missbräuchlich benutzt?

Problematik des Vergleichs

Deutlich wird diese Problematik anhand eines weiteren Beispiels. Der Film *The Nightmare before Christmas*[13] wird gerne in das Erbe des expressionistischen Films eingeordnet. Das Werk des Regisseurs Henry Selick, welches in Zusammenarbeit mit Tim Burton entstand,

12 Bazon Brock: Der Hang zum Gesamtkunstwerk. Pathosformeln und Energiesymbole zur Einheit von Denken, Wollen und Können. In: Harald Szeemann (Hrsg.): *Der Hang zum Gesamtkunstwerk. Europäische Utopien seit 1800.* Ausstellungskatalog Kunsthaus Zürich / Städtische Kunsthalle und Kunstverein für die Rheinlande und Westfalen / Museum Moderner Kunst Wien. Aarau / Frankfurt am Main: Sauerländer 1983, S. 22–39, hier S. 24–25.

13 *The Nightmare before Christmas* (USA 1993, R: Henry Selick).

ist ein Stop-Motion-Film, welcher in einer Gespensterwelt, *Halloween Town*, und in einer menschlichen Welt, *Christmas Town*, spielt. Was hier als expressionistisch ausgemacht wird, ist besonders die Landschaft, in der die Gespenster leben. Friedhöfe, Häuser und Treppenschluchten können an expressionistische Kulissen erinnern. In dieser Ästhetik bewegen sich Figuren mit feinen und langen Gliedern. Sie unterstreichen die entstellte Welt und setzen durch die Bewegung ihrer dürren Arme und Beine ausdrucksstarke Linien in den Raum. Was bereits anhand von *Das Cabinet des Dr. Caligari* beschrieben wurde, nämlich die betonte Konturlinie, welche den Raum in eine dynamische Bewegung mit dem Schauspieler versetzt, kann hier assoziativ wiederentdeckt werden.

Demnach handelt es sich hier um Einzelaspekte, welche an das expressionistische Werk erinnern können, jedoch nicht um eine zeitgenössische Übersetzung des expressionistischen Gesamtkunstwerks. Denn in diesem fügten sich weitere, zentrale Aspekte zu seinem ganzheitlichen Wesen. Ein solcher Aspekt ist der Spannungsbogen zwischen der Naturform, dem menschlichen Schauspieler und der künstlichen Welt, in die dieser eintaucht. Die Transformation des natürlich Menschlichen in einen menschlich-künstlerischen Stoff, der mit einer künstlerischen Landschaft eine Symbiose eingeht, ist eine wesentliche Leistung dieses Filmgenres.[14] In *The Nightmare before Christmas* fehlt diese Transformation und der aus ihr resultierende Spannungsbogen gänzlich, da Raum und Figur aus demselben Stoff geformt wurden, das heißt sie wurden aus nicht menschlichem, sondern aus künstlichem Material gestaltet und geknetet.

Ein weiterer essentieller Unterschied ist die zeitliche Disposition, aus der das entsprechende Werk entstand. Expressionistische Werke entstammen einer expressionistischen Bewegung z. B. in der Weimarer Republik, welche durch eine gemeinsame Weltanschauung angetrieben wurde. Diese hier vollständig wiederzugeben, würde den Rahmen des Essays sprengen. Einzelne Triebfedern waren die Erhaltung menschlicher und sozialer Werte sowie die Folgen für die menschliche Psyche durch die kapitalistische Industriegesellschaft. Des Weiteren wurde die Ablehnung des ‚schönen' Oberflächenrealismus der Impressionisten manifestiert. Ängste der Entfremdung,

14 Kurtz: *Expressionismus und Film*, S. 127.

der Vereinzelung und der Entindividualisierung sensibilisierten die Künstler für die Dynamik der Psyche, riefen aber auch eine pessimistische Weltuntergangsstimmung hervor.[15] Diese und noch weitere Aspekte trugen zu einer gesellschaftlichen Situation bei, aus der die expressionistische Bewegung geboren wurde und bei den Rezipienten revolutionär neue Seherfahrungen provozierte. Diese Ursachen und Hintergründe fehlen logischerweise nicht nur bei der Entstehung von *The Nightmare before Christmas,* sondern auch bei anderen Werken unserer Zeit, welche als expressionistisch bezeichnet werden. An diesem Punkt gilt es noch einmal zu betonen, dass ein Gesamtkunstwerk einen utopischen Weltentwurf darstellt, der sich von der Realität stark unterschiedet und gerade durch sein Anderssein wieder Rückschlüsse auf die gegebene Realität erlaubt. Das Gesamtkunstwerk bleibt folglich mit seiner Zeit der Entstehung verbunden.

Alles ist expressionistisch?!

Trotzdem behelfen sich Kritiker, Galeristen, Museen, Journalisten und Künstler allzu oft und allzu schnell mit dem Adjektiv ‚expressionistisch'. Rudolf Kurtz erklärte dieses Phänomen bereits 1926 wie folgt: „Der Expressionismus ist für den modernen Film ein Hilfsmittel geworden, um Wirkungen, die jenseits des Photographierbaren liegen, optisch zu beschwören."[16] Auch der *Caligari*-Regisseur Robert Wiene bemerkte: Wolle ein Film einem höheren Qualitätsanspruch gerecht werden und „künstlerische Kräfte in seinen Dienst" stellen, gelange er „notwendigerweise zum Expressionismus".[17]
Diese Aussagen verlieren bis heute nicht an Aktualität. Der Expressionismus oder das Expressionistische werden auf einfache Grundformen heruntergebrochen, d. h. sie werden gebraucht, wenn etwas nicht fotografisch, sprich naturalistisch, anmutet und diese Differenz zur Betonung gebracht wird. Wird ein Winkel oder eine gerade Linie schräg dargestellt, wird sie gerne als expressionistisch beschrieben. Wird ein Gegenstand oder eine Figur farblich oder zeichnerisch

15 Anna-Carola Krauße: *Geschichte der Malerei. Von der Renaissance bis Heute.* Potsdam: Tandem 2005, S. 86–87.

16 Kurtz: *Expressionismus und Film*, S. 84.

17 Robert Wiene zit. nach Ulrich Johannes Beil / Christian Kiening: Nachwort. In: Kurtz: *Expressionismus und Film*, S. 137–221, hier S. 146.

abstrahiert, bleibt jedoch noch als solche zu erkennen, heißt es schnell, dass sie expressionistisch dargestellt wurde. Drückt ein Schauspieler sich durch eine erhöhte und übertriebene Schauspielleistung aus, wird dies mit einem expressionistischen Einfluss erklärt.

Bereits Kurtz kritisierte, dass sich die expressionistische Darstellung als ein „bequemer Aufenthaltsort für Dilettanten entwickelt“[18] hatte. Für eine mangelnde Schauspielkunst ist auch gegenwärtig der Verweis auf den Expressionismus eine Entschuldigung geworden. Doch auch in der Malerei ist heute zu beobachten, dass besonders viele Anfänger- und Laienkurse mit dem Erlernen von expressionistischen Ausdrucksmöglichkeiten werben. Zusätzlich finden sich in der Hobby-Literatur Kunst-Ratgeber, die den Leser zum expressionistischen Malen anleiten wollen. In einem ähnlichen Kontext wurde in einer deutschen Telenovela der Expressionismus von einer verliebten Hotelangestellten wie folgt erklärt: „Ja, aber bei der Stilrichtung gibt's doch eh kein Richtig oder Falsch. [...] da geht's doch eher drum Dinge spontan und individuell auszudrücken.“[19] Ein verunstaltetes Portrait, eine falsche Proportion, plumpe Farbspuren anstatt einer malerischen Farbgestaltung – diese Resultate werden leicht aufgrund eines mangelnden Verständnisses von Expressionismus aufgewertet, in dem sie vorgeben, expressionistisch zu sein. Im Volksmund wird die Behauptung, etwas sei expressionistisch, demnach gern als dekorative Hülle für das Nichtkönnen gebraucht.

Kunstinstitutionen benutzen diesen Verweis für eine emotionale und autoritäre Wertsteigerung. Stellt eine Performance eine unnatürliche Darstellung eines Menschen vor, ist es leichter und gewinnbringender, sie expressionistisch zu nennen, als sie fundierter zu beschreiben. Kommt ein Gefühl, eine Forderung oder ein Zustand auf künstlerische Art und Weise zum Ausdruck und ist dieser Ausdruck Teil des Werkes, wird dies dem Expressionismus zugeschrieben. Damit wird einerseits der Performance, dem Werk, Unrecht getan, weil dieses als eigenständiges Wesen in seiner Zeit nicht mehr bedacht wird, und andererseits wird die expressionistische Bewegung auf eine massentaugliche Konfektionsgröße reduziert.

18 Kurtz: *Expressionismus und Film*, S. 118.

19 Aus: *Sturm der Liebe*, Folge 2223 „Der falsche Obdachlose“, Bavaria Fernsehproduktion, ausgestrahlt auf ARD, 20.05.2015.

Wolfgang Ullrich nannte Gründe für einen allgemeinen, inflationären Gebrauch bestimmter Namen und Referenzen: Wird ein Werk in die Nähe eines kanonisierten Werkes oder einer anerkannten Bewegung der Kunstgeschichte gesetzt, findet eine positive Übertragung und Aufwertung statt. Der Vergleich führt folglich nicht zur Aufdeckung von Unterschieden, sondern fungiert als Beweisführung von Gemeinsamkeiten, sprich von Autorität und Qualität.[20] Diese Methodik entspricht einer herrschenden Marktlogik und wird leider auch von der kunstwissenschaftlichen Forschung zu wenig hinterfragt.[21]

Der performative Expressionismus und sein Film eignen sich für diesen sorglosen Umgang besonders gut. Laien sehen darin Spaß bringende Zutaten, die im Sinne unseres heutigen Zeitgeistes zum kreativen Nachmachen anregen und durch den Stellenwert des Ausdruckes die Selbstverwirklichung versprechen. Käufer und Kunstinteressierte lassen sich durch die expressionistische Referenz von ihren eigenen Fragen zum Werkverständnis ablenken. Die Betonung des Ausdrucks von subjektiven Gefühlen oder Weltstimmungen wird ihnen oft als Pauschalantwort und Mythos entgegengehalten.

In der Moderne scheiterte der Versuch, einen vergleichbar erfolgreichen, expressionistischen Film wie *Das Cabinet des Dr. Caligari* zu kreieren.[22] Seinen Welterfolg verdankte er seiner Zeit, seiner revolutionären Neuheit und seiner Leistung, die Anforderungen eines Gesamtkunstwerks gänzlich zu bedienen. Nur so konnte er ein Maximum seiner Verwirklichung erreichen. Zwischenstufen scheint es nicht zu geben. Wird der komplexe Organismus nicht verstanden und werden nur Einzelaspekte zusammencollagiert, wirkt das Ergebnis schnell dilettantisch und peinlich.[23]

Es ist also nötig die expressionistische Referenz mit Bedacht anzuführen. Erinnern nur Einzelaspekte eines zeitgenössischen Werkes an andere Einzelaspekte eines expressionistischen Werkes, sollte dies explizit erläutert werden. Auch sind hier die Begriffe ‚Erinnerung' und ‚Assoziation' von großer Wichtigkeit. Ob die expressionistische Komplexität und das aus ihr resultierende Gesamtkunstwerk heute

20 Wolfgang Ullrich: Vergleichen als Wertschöpfen. In: *Kritische Berichte* 41,3 (2013), S. 69–75, hier S. 70.

21 Ebd., S. 74.

22 Kurtz: *Expressionismus und Film*, S. 126.

23 Ebd., S. 109.

überhaupt noch in seiner ursprünglichen Bestrebung wiedergefunden werden kann, ist zu bezweifeln. Ein Gesamtkunstwerk als in sich geschlossener Organismus kann nicht zerteilt werden, da es nur durch seine Gesamtheit zu seinem Wesen findet.

Dieses Wesen kann nachträglich nicht zum Leben erweckt werden, indem einzelne Anlehnungen an eine vereinfachte Idee seines Wesens, z.B. des Expressionismus, in einen neuen Kontext gesetzt werden. Das Problem ist in der (kunstgeschichtlichen) Sprache zu suchen, es bedarf hier neuer Begriffe und neuer Beschreibungen.

„The 'Caligarian' Works of a New Film Discovery“

Das Echo des performativen Expressionismus im amerikanischen Experimentalfilm der 1920er und 1930er Jahre

Florian Zappe

I

Will man vom Echo des (performativen) Expressionismus im amerikanischen Experimentalfilm sprechen, wird man nicht umhinkommen, die Frage zu stellen, wo der ursprüngliche Klang, der hier widerhallt, seinen Ausgangspunkt hat. Der erste Blick wird vermutlich nach Deutschland gehen, hat man den Deutschen doch eine besondere „Prädisposition zum Expressionismus“[1] attestiert und den Begriff „expressionistisches Kino“ lange ausschließlich mit einer Reihe von Filmen aus der Frühzeit der Weimarer Republik assoziiert, die bestimmte stilistische und thematische Gemeinsamkeiten aufweisen und als Symptom eines konkreten, von politischen, sozialen und kulturellen Transformationen gekennzeichneten Abschnitts der Moderne verstanden wurden.[2] Zweifellos hat der Expressionismus historisch gesehen seinen Ursprung in Deutschland, doch gerade in seinen performativen Spielarten – Theater, Tanz und Film – war er schon früh ein gleichermaßen transmediales wie transnationales Phänomen.

So ist in den späten 1920er und frühen 1930er Jahren in den Vereinigten Staaten mit *The Fall of the House of Usher* (1928) und *Lot in Sodom* (1933, beide unter der Regie von James Sibley Watson und Melville Webber) sowie *The Love of Zero* (1927, R: Robert Florey) und *The Life*

1 Lotte H. Eisner: *Die dämonische Leinwand.* Frankfurt am Main: Fischer 1980, S. 13.

2 Zur grundsätzlichen Problematik des retrospektiv eingeführten Epochen- und Gattungsbegriffs „expressionistisch“ siehe Dietrich Scheunemann: Activating the Differences: Expressionist Film in Early Weimar Cinema. In: Ders. (Hrsg.): *Expressionist Film – New Perspectives.* Rochester: Camden House 2003, S. 1–31, sowie Werner Sudendorf: Expressionism and Film: The Testament of Dr Caligari. In: Sulamith Behr / David Fanning / Douglas Jarman (Hrsg.): *Expressionism Reassessed.* Manchester / New York: Manchester UP 1993, S. 91–100.

and Death of 9413: A Hollywood Extra (1928, R: Robert Florey / Slavko Vorkapich) ein Korpus von experimentellen Kurzfilmen entstanden, deren expressionistischer Charakter offensichtlich ist. Zu ihrer Zeit als „The 'Caligarian' Works of a New Film Discovery"[3] beworben und sogar, wie vom Kritiker Gilbert Seldes im Jahr 1929, als „over-influenced by Caligari"[4] kritisiert, können diese Arbeiten den stilistischen Einfluss von Robert Wienes „Prototyp"[5] des expressionistischen Films nicht verhehlen. Trotz dieses gemeinsamen Referenzpunktes bilden diese Filme, die allesamt als unabhängige Werke außerhalb der Produktions- und Distributionskontexte der Filmindustrie entstanden sind, ein sehr heterogenes Korpus, was nicht zuletzt den biographischen Hintergründen der Filmemacher geschuldet ist. Während Watson und Webber Teil des Kulturestablishments der amerikanischen Ostküste waren und eher dem konservativen Flügel der avantgardistischen Hochmoderne zuzurechnen sind,[6] sind Robert Florey und Slavko Vorkapich als Grenzgänger zwischen Avantgarde und Hollywood zu bezeichnen.[7] So verwundert es nicht, dass die Filme von Watson und Webber auf kanonische Textvorlagen rekurrieren. *The Fall of the House of Usher* orientiert sich an Edgar Allan Poes gleichnamiger Kurzgeschichte (1839) über einen Strudel von Wahnsinn und Untergangsdeterminismus und ist thematisch somit seinen deutschen Vorbildern am nächsten, die vielfach Motive der Schauerromantik aufgegriffen haben. *Lot in Sodom* basiert auf dem biblischen Mythos des Gerechten Lot und setzt sich dabei in einer für den Zeitkontext durchaus offenen Weise mit Themen wie „gay male desire and heteronormative prohibition"[8] auseinander. *The Life and Death of 9413: A Hollywood Extra* ist im Gegensatz dazu eine abstrakt-experimentelle Satire, die die Mythen der Entertainmentindustrie zu

3 Zit. in Brian Taves: Robert Florey and the Hollywood Avant-Garde. In: Jan-Christopher Horak (Hrsg.): *Lovers of Cinema. The First American Film Avant-Garde 1919–1945*. Madison: The University of Wisconsin Press 1995, S. 94–117, hier S. 114.

4 Zit. in Lewis Jacobs: Experimental Cinema in America. In: *Hollywood Quarterly* 3,2 (1947/48), S. 111–124, hier S. 114.

5 Vgl. Sudendorf: Expressionism and Film, S. 92.

6 Vgl. Lisa Cartwright: U.S. Modernism and the Emergence of 'The Right Wing of Film Art'. The Films of James Sibley Watson, Jr. and Melville Webber. In: Horak: *Lovers of Cinema*, S. 156–179, hier S. 157.

7 Vgl. Taves: Robert Florey and the Hollywood Avant-Garde, S. 94.

8 Cartwright: U.S. Modernism and the Emergence of 'The Right Wing of Film Art', S. 156.

entzaubern sucht. Der Protagonist des Films, ein junger Schauspieler, kommt, gelockt von dem Versprechen von Ruhm und Reichtum nach Hollywood, um dort letztendlich im Heer der namenlosen Statisten unterzugehen und erst im Tod Erlösung von seinem Elend zu finden. *The Love of Zero*, der ohne die Mitarbeit Vorkapichs entstanden ist, erzählt eine – dem hohen Abstraktionsgrad des Films geschuldet schwer zu rekapitulierende – Liebesgeschichte zwischen den Figuren Zero und Beatrix und ist, wie Brian Taves schreibt, „[i]n style as well as narrative, […] technically superior to *A Hollywood Extra*."[9] Was diese Werke trotz ihrer thematischen und dramaturgischen Unterschiede eint, ist ihr Gebrauch der ästhetischen Modi des Expressionismus als kritische Reaktion auf die hegemoniale Filmästhetik ihrer Zeit.
Im folgenden Beitrag möchte ich meine Untersuchung auf *The Fall of the House of Usher* und *Lot in Sodom* konzentrieren, da gerade in diesen beiden Filmen der Expressionismus nicht nur in der visuellen, sondern gerade auch in der *performativen Ästhetik* als Echo widerhallt. Dem Projekt des expressionistischen Theaters in Europa nicht unverwandt stellen Watson und Webber die Darstellung in den Dienst einer radikalen Entgrenzung etablierter Repräsentations- und Bedeutungsfindungskonventionen.

II

Eine Genealogie des performativen Expressionismus in den Vereinigten Staaten ist ohne das Theater nicht zu denken, das diesen damals neuen und innovativen Stil gegen eine in den Paradigmen von Realismus, epistemologischer Kohärenz und narrativer Linearität gefangene und in thematischen Konventionen erstarrte amerikanische Kulturproduktion in Stellung gebracht hat. Mardi Valgemae konstatiert in seiner wegweisenden Studie über das amerikanische expressionistische Drama der 1920er Jahre:

> [T]he most turbulent of these new artistic currents that cleansed the backwaters of realistic stagecraft and dramaturgy was German expressionism. Employing the magic of forms, movements, sounds and colors of a stylized theatre, expressionism attempted to penetrate through life's surface reality and portray man's inner world.[10]

9 Taves: Robert Florey and the Hollywood Avant-Garde, S. 103.

10 Mardi Valgemae: *Accelerated Grimace. Expressionism in the American Drama of the 1920s*. Carbondale / Edwardsville: Southern Illinois UP 1972, S. 2.

Dem Kino kommt hier durchaus die Funktion eines Türöffners zu, da die Vertrautheit der amerikanischen Dramatiker und Bühnenregisseure dieser Zeit mit diesem Stil zu einem hohen Grad auf „contacts with the German expressionist film“[11] basierte.
Die jüngere Forschung hat jedoch das Paradigma vom Expressionismus als primär aus Deutschland importierter Form zunehmend in Frage gestellt. So argumentiert Julia A. Walker, dass der Expressionismus deutscher Provenienz keineswegs die einzige oder primäre Einflussquelle für die amerikanischen Variante gewesen sei,[12] und weist auf weitere genealogische Linien hin – etwa auf den Delsartismus[13] oder das vom Rhetoriker Samuel S. Curry inspirierte „Expressive Culture Movement“, das Kommunikation nicht als alleinige Aufgabe der Stimme, sondern als „a whole bodily process that depended upon the perfect coordination of all three 'languages' of the body – verbal, vocal, and pantomimic“ definiert.[14]
Diese Aufwertung des performativen Körpers in der Gesamtheit seiner expressiven Möglichkeiten ist im Kontext der für die modernen Avantgarden charakteristischen radikalen Neudefinition des Verhältnisses von Text und Darstellung zu betrachten. Es ist vielfach festgestellt worden, dass das avantgardistische Performative nicht mehr nur wie im traditionellen, bürgerlich-realistischen Kunstwerk als Medium zur Kommunikation von Inhalten verstanden, sondern selbst zu einem eigenständigen bedeutungskonstitutiven Element wird. Walker hat für diese Verschiebung den Begriff des „text/performance split“[15] geprägt, während Erika Fischer-Lichte von demselben Phänomen als „antitextueller Geste“ spricht, die die Darstellung – zunächst im Kontext der Bühne – von der Autorität des Textes befreit:

> The conception of performance as an autonomous work of art fundamentally redefines the dynamic between the literary dramatic text and the performance. No longer does the text steer, control, and legitimize performance. Rather, *the*

11 Valgemae: *Accelerated Grimace*, S. 3.

12 Vgl. Julia A. Walker: *Expressionism and Modernism in the American Theatre. Bodies, Voices, Words*. Cambridge: Cambridge UP 2005, S. 4.

13 Julia A. Walker: 'In the Grip of an Obsession': Delsarte and the Quest for Self-Possession in *The Cabinet of Dr. Caligari*. In: *Theatre Journal* 58 (2006), S. 617–637.

14 Walker: *Expressionism and Modernism*, S. 5. Für eine ausführliche Darstellung der Programmatik und Methodik des „Expressive Culture Movement“ siehe ebd., S. 70–75.

15 Ebd., S. 8.

> *text becomes one material among other materials – like the body of the actor, sounds, objects, et cetera* [meine Hervorhebung, F. Z.] – each of which the performance manipulates or adapts, thereby constituting itself as art.[16]

Trotz der medienspezifischen Unterschiede zwischen filmischen und theatralen Aufführungen,[17] kann man behaupten, dass diese Entwicklung auch auf dem Feld des Kinos – vor allem an seinen avantgardistischen Rändern – nachhallt. Christoph Kleinschmidt hat darauf hingewiesen, dass bei der Interpretation der „intermateriellen Bühnenstücke" des Expressionismus immer berücksichtigt werden muss, „dass wir es mit einer Prozessualität und Performanz des Materials zu tun haben. Dieses wird nicht nur in seiner Materialität ausgestellt, sondern zugleich als Ereignis inszeniert. Die Materialien unterstützen dabei nicht einfach die Handlung, sondern agieren selbst in Handlungsrollen."[18] Die hier besprochenen Filme sollten mit demselben Blick betrachtet werden, integrierten sie doch Text(e), Objekte und Körper nicht nur in ihr innerdiegetisches Inventar, sondern lassen sie selbst zu Akteuren auf der performativen Ebene werden.

III

Obwohl Watson und Webber fest in der modernistischen Literaturszene verwurzelt waren (Watson war zeitweise Herausgeber der Literaturzeitschrift *The Dial*), machen sie bereits in der Eingangssequenz ihres *The Fall of the House of Usher* mit einer programmatischen antitextuellen Geste deutlich, dass für sie die literarische Vorlage in erster Linie Material im oben genannten Sinn ist. Unmittelbar nach dem Vorspann ist der Zuschauer auf der Leinwand mit der ersten Seite

16 Erika Fischer-Lichte: The Avant-Garde and the Semiotics of the Antitextual Gesture. In: James M. Harding (Hrsg.): *Contours of the Theatrical Avant-Garde. Performance and Textuality*. Ann Arbor: University of Michigan Press 2000, S. 79–95, hier S. 80–81.

17 Kleinschmidt hat darauf hingewiesen, dass „sich mit Wörtern, Formen, Farben und Flächen die Materialien für Literatur und bildende Kunst recht genau angeben sowie das integrale Neben- und Miteinander von Materialien wie Klang, Körper und Farbe als charakteristisch für die Bühne beschreiben [lässt]. Der Film erweist sich dagegen als materialästhetischer Problemfall, weil mit dem Kino und seinen Vorführbedingungen eine materiale Voraussetzung vorliegt, die sich der Entscheidungskompetenz des Regisseurs (zumeist) entzieht." (Christoph Kleinschmidt: *Intermaterialität. Zum Verhältnis von Schrift, Bild, Film und Bühne im Expressionismus*. Bielefeld: Transcript 2012, S. 15.)

18 Ebd., S. 55.

von Edgar Allan Poes Erzählung konfrontiert. Es wird ihm jedoch unmöglich gemacht, den Text in seinem angestammten Modus – dem der linearen Lektüre – zu rezipieren. Die Buchseite wird durch Kamera- und Montageeffekte kaleidoskopisch gebrochen, gespiegelt und geradezu zum Tanzen gebracht. Ein auf diese Weise materiell wie inhaltlich „performativ" gemachter Text steht exemplarisch für die avantgardistische Attacke „against the idea that in texts fixed meanings are established once and for all, meanings that steer, control, and indeed legitimate further cultural productions, for example, those of performance."[19]

Dass in dem Film das Narrative hinter das Performative zurücktritt, hat bereits die zeitgenössische Kritik angemerkt. So schrieb C. Adolphe Glassgold 1929: „the plot is of little consequence; the importance of the piece lies in its mood".[20] Die durch expressionistisches Dekor fragmentierte Raumwahrnehmung, das rhythmische Wechselspiel von Licht- und Schattenbildern und ein vom psychologischen Realismus abgewandter, expressiver Schauspielstil – auch hier lässt sich das Vorbild *Caligari* nicht verleugnen – tragen wesentlich dazu bei, die obsessive und untergangsfixierte psychologische Befindlichkeit der Protagonisten visuell auszudrücken und damit die Stimmung anstelle der Erzählung zum Bedeutungsträger zu machen. Dazu gehört auch, dass der Film auf das narrative Element der Zwischentitel verzichtet. Wie Kleinschmidt festgestellt hat, lässt sich die „zentrale Bedeutung der Literatur für den expressionistischen Film [...] durch eine Differenzierung intermaterialer Relationstypen" nachweisen: „So ist zwischen Schrift in ihrer Inventarfunktion (diegetische Intermaterialitat), Schrift in Gestalt von Zwischentiteln (konnektierende Intermaterialität) und Schrift als Teil der *Mise en Scène* (fusionierende Intermaterialität) zu unterscheiden."[21] *Usher* nutzt das Mittel der fusionierenden Intermaterialität regelmäßig, indem er mehrfach lautmalerische animierte Schriftzüge in das Filmbild

19 Fischer-Lichte: The Avant-Garde and the Semiotics of the Antitextual Gesture, S. 90.

20 C. Adolphe Glassgold: The Films: Amateur or Professional? In: *The Arts* 15,1 (1929), S. 56–59, hier S. 57.

21 Kleinschmidt: *Intermaterialität*, S. 21. Hier bezieht sich *Usher* eindeutig auf „die in der Filmgeschichte wohl berühmteste intermateriale Fusion von Schrift und Bewegungsbild" (ebd., S. 250), die Einblendung des Schriftzuges „Du musst Caligari werden" in Wienes Film.

integriert: Wenn der Protagonist Roderick Usher glaubt, das Herz seiner lebendig begrabenen Schwester schlagen zu hören, tanzen die Buchstaben „BEAT" durch das Bild; als diese sich mit letzter Kraft aus ihrem Grab befreit, wird das Aufbrechen des Sargdeckels auf dieselbe Weise visualisiert („CRACK").

Doch es ist vor allem die *intermaterielle performative* Ästhetik des Films – eine zeitgenössische Rezension im *Boston Evening Transcript* notiert: „sets and backgrounds are merging with actors and objects, all equally important in the design of the thing and in evoking these mordant moods"[22] – die eine radikale Abkehr von jeder Form von (pseudo) mimetischer Repräsentation darstellt. Die genuin filmische Möglichkeit, auch Objekte „performieren" zu lassen, machen Watsons und Webbers *Usher* endgültig autonom von der literarischen Vorlage Poes:

> The cinema has become an independent medium that acquires its ends here, not by words, or static poses, like painting or sculpture, but through movement, per se. Movement is the underlying motif, everything is subordinated to it; and it is developed through quick dissolves, triple and quadruple exposures, foreshortenings done through mirrors and prisms, so that it all moves like a dance to unheard music, never suggesting solid, palpable things, only rhythms and patterns in motion, and far-reaching moods. One can hardly imagine, without seeing, the slow beauty of stairs moving in three planes, crossing and recrossing in space, like figures in a ballet.[23]

Der Film lässt sich damit als Analogie zu der von den theatralen Avantgarden ausgegangenen Hinwendung zu Dynamik, Bewegung und Rhythmus verstehen – auch wenn, wie Fischer-Lichte feststellt, eine allgemeingültige Definition des letztgenannten Begriffs nicht existiert:

> Though it is not always clear from their comments what the avant-garde meant by the term *rhythm*, they were clearly unanimous in their conviction that with the help of rhythm *space*, *time*, and *body* could be related with each other:

22 Evelyn Gerstein: Ohne Titel [Rezension zu *The Fall of the House of Usher*]. In: *Boston Evening Transcript*, 25.05.1929, o. P. Gersteins Kritik ist, ebenso wie Glassgolds oben zitierter Text in einer auf der Webseite des Archivprojekts *New York Heritage* einzusehenden Sammlung von persönlichen Unterlagen Watsons und Zeitungsausschnitten zu seinen Filmen nachzulesen: *Scrapbook of Correspondence and Clippings Related to the Films of Dr. James Sibley Watson, Jr.* http://nyheritage.nnyln.org/cdm/compoundobject/collection/p277601coll5/id/2778 (Zugriff am 26.04.2015).

23 Ebd.

> 'rhythmic space' was coordinated with the 'rhythmic movement' of the performers, objects and lights, with rhythmic language, rhythmic sounds and with music.[24]

In dem hier verhandelten Diskurs kann man es mit Kleinschmidt halten, der von einem „expressionistischen Kerngedanken" spricht, wonach „Rhythmus als Verbindungskriterium" in einem „spezifischen intermaterialen Kunstgebilde" verstanden werden kann.[25] Natürlich ist auch die visuelle Ästhetik von *Lot in Sodom* mit ihren harten Kontrasten in der Lichtsetzung von expressionistischen Elementen geprägt und auch die bereits in *Usher* angewandte intermaterielle Fusion von Schrift und Filmbild findet sich hier ebenfalls wieder. Doch es ist vor allem die rhythmische Organisation der Materialien, welche als zentrales Element des „text/performance split" zwischen der biblischen Vorlage und ihrer performativen Umsetzung fungiert: „The directors avoided literal statement and relied upon a *rhythmical arrangement of symbols* [meine Hervorhebung, F. Z.] rather than chronological reconstruction of events."[26] Den Takt gibt die von Louis Siegel komponierte Filmmusik vor, die die Dynamik der Bildmontage bestimmt, während auch die performative Ästhetik von *Lot in Sodom* in erster Linie eine des Körpers und seiner Bewegungen ist. Sie steht im Dienst des Ausdrucks der inneren Zerrissenheit Lots zwischen seinem eigenen tugendhaften und gottgefälligen Leben und dem moralischen Verfall seiner Umgebung. In den „sündigen" Tänzen der „attractive, scantly clad, pleasure-seeking men of Sodom"[27] mit ihren Anleihen an klassisch-antike Posen und Kostüme und ihrer Verwandtschaft mit der „celebration of a sacred, expressive body"[28] klingt der Ausdruckstanz einer Isadora Duncan ebenso mit wie der Delsartismus, eine gerade für die Entwicklung des performativen Expressionismus auf beiden Seiten des Atlantiks höchst einflussreiche „technique of movement emphasizing the tension

24 Fischer-Lichte: The Avant-Garde and the Semiotics of the Antitextual Gesture, S. 92 (Herv. i. O.).

25 Kleinschmidt: *Intermaterialität*, S. 142.

26 Jacobs: Experimental Cinema in America, S. 122.

27 Cartwright: U. S. Modernism and the Emergence of 'The Right Wing of Film Art', S. 165.

28 Carrie J. Preston: Posing Modernism: Delsartism in Modern Dance and Silent Film. In: *Theatre Journal* 61 (2009), S. 213–233, hier S. 223.

between stasis and motion, poses of classical beauty and technologies of speed.“[29] Sicherlich kann man dieses relativ rigide System von klar bestimmten Emotionen und Charaktereigenschaften zugeschriebenen expressiven Gesten[30] auch als beschränkend empfinden, doch im Kontext der avantgardistisch-performativen Wende stellte die „Delsartean semiology of gesture“ als „way of using the posed bodies to make meanings“ eine Innovation dar.[31] Unzweifelhaft schwingt diese Schule in den Gesten der Figuren in *Lot in Sodom* mit – in den Tänzen der Sünder, in der Mimik und Gestik des verzweifelten Lot, selbst in der Metamorphose von Lots Frau zur Salzsäule am Ende des Films.

Zusammenfassend lässt sich sagen, dass die Ästhetik von *The Fall of the House of Usher* und *Lot in Sodom* auf beinahe allen Ebenen von den Ausdrucksformen der antitextuell-performativen Tradition der Moderne durchdrungen ist, ohne jedoch auch nur annähernd ein filmisches Double des Bühnenexpressionismus zu sein. Vielmehr ist es Watson und Webber gelungen, durch das Zusammenspiel von „caligarischer“ Bildsprache und verschiedenen performativen Elementen wie (rhythmischer) Bewegung verschiedenster Materialien, (expressivem) Schauspiel, Tanz, Musik und Körperinszenierung eine idiosynkratische Spielart des filmischen Expressionismus zu entwickeln, der zum einen seine europäischen Vorbilder weiterentwickelt und zum anderen auch im Kontext der amerikanischen avantgardistischen Moderne in dieser Form einzigartig ist.

29 Ebd., S. 214. Für eine ausführliche Analyse des Einflusses der Delsarte-Methode auf den Schauspielstil von *Caligari* siehe Walker: 'In the Grip of an Obsession'.

30 Vgl. dazu Walker: *Expressionism and Modernism*, S. 42–47.

31 Preston: Posing Modernism, S. 215.

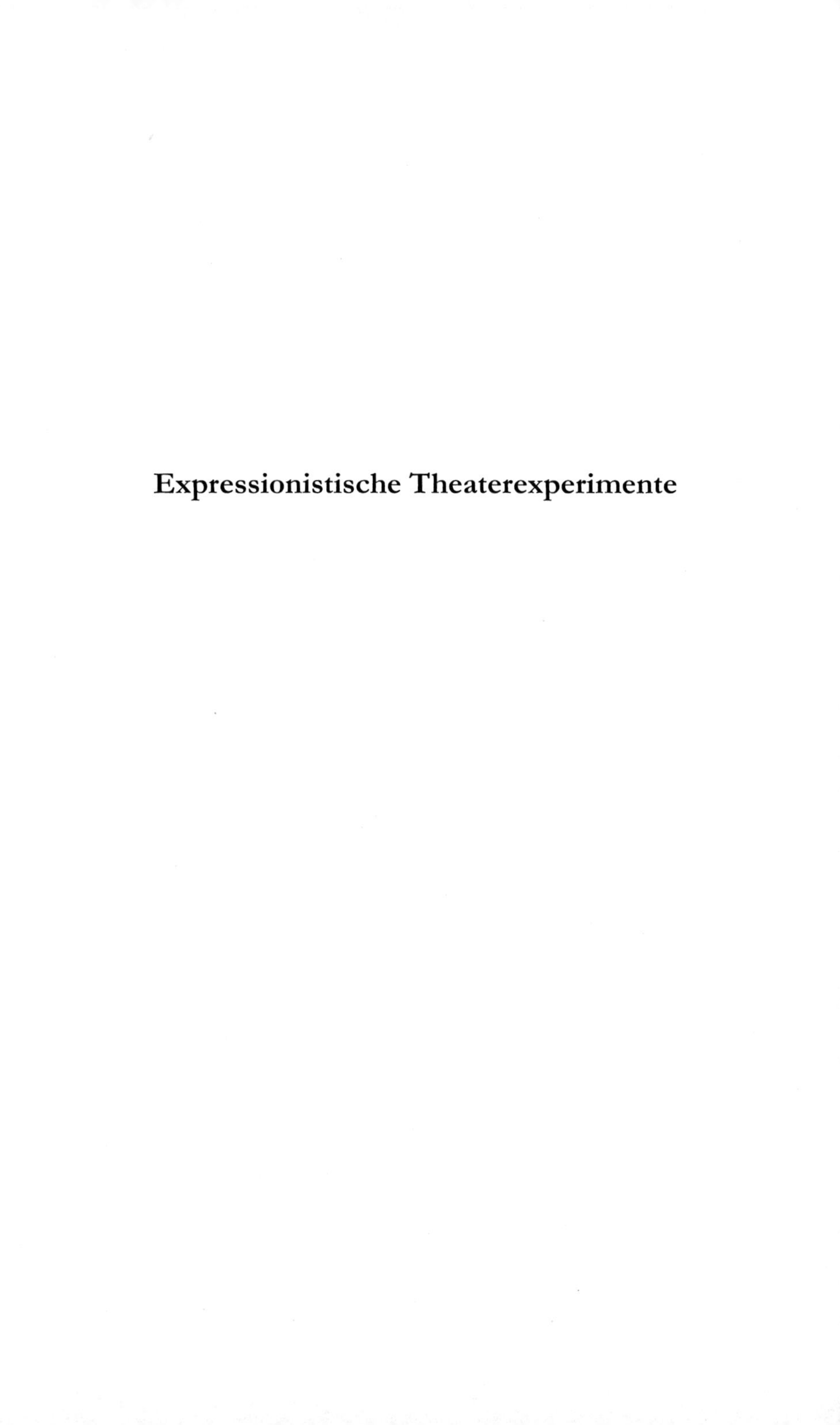

Expressionistische Theaterexperimente

Der Sturm und die Wilden

Franz Marcs Entscheidungskampf mit der Theatralität

Jean Marie Carey

Einleitung

Diese Studie untersucht Franz Marcs Essay *Das abstrakte Theater*[1] (Abb. 1) von 1914 und die Ereignisse um eine „expressionistische" Inszenierung von Shakespeares Drama *Der Sturm*, die Marc und Hugo Ball für dieses Jahr planten. Marcs Position in diesem Abstecher von der Malerei und vom Schreiben kann in seiner begeisterten Annahme des Konzepts der „Wilden" verstanden werden – eine Idee, die Marc 1912 im Almanach *Der Blaue Reiter* vorgestellt hatte – als metaphorisches Streben und als eines existentiellen Zustandes sowohl für Künstler als auch für das Publikum als Förderer der Künste und Bürger der Moderne. Diese Arbeit nimmt auch Kenntnis von August Mackes Beschäftigung mit Dramentheorie und Bühnengestaltung, insoweit diese Marc beeinflusst haben, besonders mit Berücksichtigung der Zusammenarbeit der beiden Künstler an Mackes Essay „Die Masken" als Beitrag zum Almanach *Der Blaue Reiter* und wie dies mit dem *Sturm*-Projekt in Zusammenhang zu bringen ist.[2] Vorgeschlagen wird ein Weg zum Verständnis, wie Marcs Glaube an die paradoxerweise wohltätige Kraft der Zerstörung sich mit Balls Theologie verbindet. Vor diesem Hintergrund wird eine eingehende Interpretation

1 *Das abstrakte Theater* wurde vier Jahre nach Marcs Tod erstmals im Jahr 1920 in einer Sammlung von Marcs Schriften unter dem Titel *Briefe, Aufzeichnungen und Aphorismen*. Berlin: Paul Cassirer 1920, publiziert. Die Ausgabe wurde aus Marcs handschriftlichen Notizen mit Hilfe seiner Witwe Maria Marc zusammengestellt. In dieser Arbeit wird die Version in Franz Marc: *Briefe, Schriften, Aufzeichnungen*. Leipzig: Kiepenheuer 1989, S. 264, zitiert, die von Marcs Biographen Klaus Lankheit neu bearbeitet und mit größerer Vollständigkeit und Genauigkeit entziffert wurde. Das fragmentarische Originaldokument befindet sich im Marc Nachlass im Germanischen Nationalmuseum Nürnberg.

2 August Macke: Die Masken. In: *Der Blaue Reiter* [1912], hrsg. v. Wassily Kandinsky und Franz Marc, dokumentarische Neuausgabe v. Klaus Lankheit. München: Piper 1965, S. 83–89.

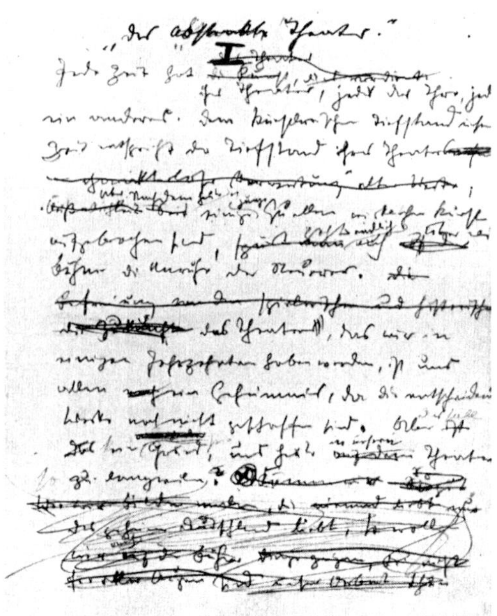

Abb. 1
Franz Marc:
Erste Seite des Fragments
Das abstrakte Theater, 1914.

von Marcs Bildern der beiden Dramenfiguren Caliban und Miranda aus *Der Sturm* gebracht. Es werden auch Ungenauigkeiten in der Chronologie bezüglich des Zusammentreffens dieser Protagonisten von Dada und Expressionismus und in Marcs Texten, die sich in die Forschung eingeschlichen haben, berichtigt. Ein holistischer Überblick über diese Daten ermöglicht eine neue Interpretation der gegenseitigen Beeinflussung und Zusammenarbeit der historischen Avantgarde.

Marc, der sehr geschickt darin war, sich selbst zu ausführen hat sicherlich die kathartischen Möglichkeiten subversiven Verhaltens erkannt, nachdem er die dynamische Interaktion zwischen Wassily Kandinsky und Arnold Schönberg in die Wege geleitet hatte.[3] In der Tat sollte

3 In ihrer scharfsinnigen Einleitung zu einer Sammlung von Marcs Briefen und in ihren Aufsätzen zur Avantgarde und dem Krieg stellt Maria Stavrinaki die These auf, dass Marc für einen großen Teil seines Lebens geistig gestört, ja von wahnhaften Ideen besessen war und während seines Militärdienstes in Verdun ein derartig gestörtes Verhältnis zur Realität hatte, dass seine Schriften praktisch als die unverlässliche Narration eines Menschen, der einen Nervenzusammenbruch erlebt, interpretiert werden müssen. Obwohl ich mich diesem Urteil nicht anschieße, unterstütze ich Stavrinakis Argument, dass Marc an dissoziativen psychologischen Zuständen litt und dass diese Tendenzen sich im Ausspielen einer Anzahl von ‚Rollen' manifestierten,

die zweite, nicht zustande gekommene Ausgabe des Almanachs *Der Blaue Reiter* in verstärktem Maße der darstellenden Kunst gewidmet werden.[4] Marc glaubte, dass eine direkte, intermediale Darstellung die Unruhe stiftenden Tendenzen des *Blauen Reiters*, die praktische Ziele wie auch spirituellen Nutzen hatten, sowohl beilegen als auch fortführen konnte.[5]

Marc war immer angetan von multimedialen Projekten als Experimenten, nicht als Gesamtkunstwerken und verfertigte während seiner Karriere Spielzeug, Glasmalereien, Faschingskostüme wie auch seine eigenen Kleider und Schuhe.[6] Tatsächlich war Marcs erste ‚öffentliche' Arbeit weder ein Bild noch ein Schriftwerk, sondern ein Webmuster, das er mit Annette von Eckardt 1908 in einem Büchlein veröffentlichte.[7]

Im Juni 1914 schrieb Marc seinen Essay *Das abstrakte Theater*, sichtlich, um zu zeigen, wie das Bedürfnis nach neuen Darstellungsweisen mit

die vom strebenden zölibatären Priester, über den bretonischen Bauern und bayrischen Landmann zum Pariser Dandy und natürlich zum kultivierten, jedoch rebellischen Künstler reichten. Siehe Franz Marc. In: Maria Stavrinaki / Thomas de Kayser (Hrsg.): *Écrits et correspondances*. Paris: Ecole Nationale Supérieure des Beaux-Arts 2006; Maria Stavrinaki: Messianic Pains: The Apocalyptic Temporality in Avant-Garde, Politics, and War. In: *Modernism/Modernity* 18,2 (2011), S. 371–393. Ebenfalls August Macke / Franz Marc: *Briefwechsel*. Köln: DuMont 1964, S. 38–42.

4 Für eine gründliche Darstellung der Geschichte des Almanachs siehe Jessica Horsley: *Der Almanach des ‚Blauen Reiters' als Gesamtkunstwerk. Eine interdisziplinäre Untersuchung*. Frankfurt am Main: Lang 2006. Die erste Ausstellung fand in Münchens Galerie Tannhauser vom 19. Dezember 1911 bis zum 1. Januar 1912 statt und wurde dann auch in anderen Städten gezeigt. Eine zweite Ausstellung von Graphiken wurde in der Kunsthandlung Goltz in München vom 12. Februar bis zum 18. März 1912 gezeigt und dann im Wallraff-Richartz-Museum in Köln im Mai und Juni 1912. Zusätzlich zu Beiträgen von August Macke und anderen über das Theater beinhaltete die zweite Ausgabe auch Gedichte von Gottfried Benn, wie auch Fotos und Essays über das Überhandnehmen der Fotografie als künstlerisches Problem sowie Reproduktionen von Werbeprospekten und Plakaten. Es gab Pläne, ab 1913 Kapitel aus der Bibel mit Illustrationen von Kandinsky, Paul Klee, Oskar Kokoschka, Alfred Kubin und Marc zu drucken. Nach Hugo Ball war auch ein Buch über das Theater mit Beiträgen von Kandinsky, Marc, Klee, Kokoschka, Kubin und ihm für 1914 in Aussicht genommen. Hugo Ball: *Die Flucht aus der Zeit*. München / Leipzig: Duncker & Humblot 1927, S. 12–15.

5 Franz Marc: Geistige Güter. In: *Der Blaue Reiter*, S. 21.

6 Wassily Kandinsky: Franz Marc. In: *Cahiers d'Art* VII–X (1936), S. 273–275; Wassily Kandinsky: Unsere Freundschaft. In: Klaus Lankheit: *Franz Marc im Urteil seiner Zeit*. Köln: DuMont-Schauberg 1960, S. 48–50.

7 Franz Marc / Annette Simon von Eckardt: *Webmuster*. München: Plessmann 1908.

den Zielen der „Neuen Malerei“ zu vereinbaren sei. Marcs unausgegorener Text ist gespickt mit grellen Bildern, doch besteht sein analytischer Schachzug darin, daran zu erinnern, dass revolutionäre Praxis nicht *bloß* den Unterprivilegierten zur Verfügung steht, sondern auch den Künstlern und deren Förderern. So können die konservativen Tendenzen kapitalistischer Ablenkungen – wie eben das Theater – zu unerwartet radikalen Resultaten führen, besonders dann, wenn diese Tendenzen gestört werden, was ganz besonders die Entmachteten begünstigt. Indes ist *Das abstrakte Theater* wie die meisten von Marcs Prosaschriften zwar lyrisch auch verwirrend und sagt wenig darüber aus, wie dieser Plan in die Praxis umgesetzt werden kann. Deshalb soll hier dieser Essay mit Marcs Schrift „Die ‚Wilden‘ Deutschlands“,[8] die ein ähnliches Thema hat und überdies einen Bezug zu Shakespeares Stück aufweist, verglichen werden. Außerdem wurde dieser Essay gut ediert, da er (ebenso wie Mackes „Die Masken“) in den Almanach *Der Blaue Reiter* aufgenommen wurde.

Exkurs: Das Telefon und die Kommunikation

Heute ist man sich selbstverständlich einer Tatsache bewusst, die im Frühjahr 1914, als Ball und Marc ihre Pläne für eine Inszenierung von Shakespeares Drama *Der Sturm* schmiedeten, beiden Protagonisten unbekannt war, dass nämlich sehr bald ein Krieg beginnen würde, dessen tragisches Ausmaß weit über das jedes Shakespeare-Dramas hinausgehen sollte. Marc und Macke würden bald sterben. Zieht man die Enormität der Ereignisse in Betracht, kommt man zu dem offensichtlichen Schluss, den auch schon andere Forscher gezogen haben, dass der Krieg die Planung für eine Aufführung von *Der Sturm* unterbrochen hat und dass aus eben diesem Grund auch nur spärliche Dokumente über die Beratungen zwischen Marc und Ball existieren. Der Ausbruch des Krieges war jedoch *nicht* der Grund für die Absetzung des Stücks, auch nicht für den Mangel an Daten. Obwohl darin nicht das Hauptanliegen dieser Studie liegt, ist es doch wichtig diese Tatsache zur Kenntnis zu nehmen, da daraus zu ersehen ist, dass die Historiographie des Expressionismus noch zu entdecken ist.[9]

8 Franz Marc: „Die ‚Wilden‘ Deutschlands“ In: *Der Blaue Reiter*, S. 5–7.

9 Kandinsky hat dies behauptet und noch Jahre nach Marcs Tod vertreten: „We were making plans, to unite the forces of both artists and intellectuals. To discover the

Einleitend soll auf ein Faktum hingewiesen werden, das in der Marc-Literatur wenig Beachtung findet: Im April 1914 übersiedelte der Maler von dem sehr bescheidenen und primitiven Studio, das er vier Jahre lang im ländlichen oberbayrischen Sindelsdorf gemietet hatte, in das nahe gelegene Ried. Als *Dorf* war Ried nicht weniger provinziell als Sindelsdorf, doch besaß Marc nun ein kleines Stück Land mit einem relativ neuen Haus, das elektrisches Licht, ein Badezimmer mit heißem fließendem Wasser, eine voll eingerichtete Küche – und ein Telefon hatte. Gleichzeitig mit dem Umzug nach Ried ist eine merkliche Abnahme von Marcs archivierter Korrespondenz zu verzeichnen, die sich erst wieder mit Marcs Versetzung ins Bayerische Fußartillerie-Regiment erholte. Es soll hier der Vorschlag gemacht werden, dass der Grund für die Frequenzabnahme der Korrespondenz die Begeisterung des kommunikationsfreudigen Marc für seinen neuen Apparat ist. Tatsächlich war Marc hocherfreut darüber, dass ihm die moderne Technologie erlaubte, außerhalb Münchens zu leben und zu arbeiten und trotzdem den ständigen Kontakt mit Freunden und Bekannten beibehalten zu können.[10]

Hintergrund

Obwohl mit seinem Umzug voll beschäftigt, war Marc zu Beginn des Jahres 1914 auch ruhelos. Er hatte zwar gerade begonnen mit seiner Malerei Geld zu verdienen, die Aktivitäten des *Blauen Reiters* waren jedoch unterbrochen; die Graphiken und Bilder waren in

root common to both art and science was then our dream, and it demanded immediate realization. But the war put an end to those dreams." (Wassily Kandinsky: Franz Marc. In: Ders.: *Complete Writings on Art*, hrsg. v. Kenneth Clement Lindsay / Peter Vergo. Boston: Hall 1982, S. 797). Noch im Jahr 2013 wiederholt Shulamith Behr diesen alten Hut: „Ultimately, the outbreak of World War I prevented fulfillment of these schemes" (Shulamith Behr: Kandinsky and the Theatre: The Monumental Artwork of the Future. In: *Vasily Kandinsky and the Total Work of Art: from Blaue Reiter to Bauhaus.* Ausstellungskatalog Neue Galerie, New York. Ostfildern: Hatje Cantz 2013, S. 64–85). Matthias Günther, der gegenwärtige Dramaturg der Kammerspiele und ein Kenner der Geschichte dieses Theaters, wiederholt die Sage von der „Unterbrechung durch den Krieg" noch im März 2014: https://mkammerspiele.wordpress.com/2014/03/28/drei-fragen-an-matthias-gunther/ (Zugriff am 14.06.2015).

10 „Ich habe jetzt ein Telefon!" [Benediktbeuren, 3. Mai 1914] erklärt Marc in einer Postkarte an Herwarth Walden (unveröffentlichte Korrespondenz 1914 aus dem Nachlass Franz Marc / *Der Sturm* [Herwarth Walden]. Deutsches Archiv für Bildende Kunst im Germanischen Nationalmuseum, Nürnberg. PStB. H/B, *Sturm* Archiv, Marc an Walden, 3. Mai 1914.

Wanderausstellungen unterwegs in Deutschland und im Ausland. Die Partnerschaft zwischen ihm und Kandinsky war mehr oder weniger eingeschlafen, wenn auch nicht offiziell aufgelöst, hielten doch die beiden Männer Kontakt zueinander. Marc fuhr fort den *Blauen Reiter* als eine geschlossene Einheit zu repräsentieren.[11]

Zur selben Zeit, als Marc seine späten Meisterwerke malte, schrieb er auch Artikel und Aufsätze für Herwarth Waldens (aus anderen Gründen so benanntes) Journal *Der Sturm*, in denen er sich speziell für die moderne Kunst und mehr allgemein für progressive Politik einsetzte. Marc kannte Ball von Aktivitäten des *Blauen Reiters*, kam aber erneut mit ihm durch Herwarth Walden in Verbindung, der mit Ball eine Ausstellung von Bildern im Foyer der Münchner Kammerspiele, wo Ball angestellt war, vorbereitete.[12]

Im Frühjahr 1914 lud Ball Marc ein, ihm bei einer Inszenierung von Shakespeares *Der Sturm*, die auch die Düsseldorfer Kammerspiele involvieren sollte, behilflich zu sein. Ursprünglich sollte Marc als Bühnenbildner tätig sein.[13] Marc unterbreitete einen Gegenvorschlag: die Vision einer Gemeinschaftsproduktion, grandios, weitreichend, international und kommunikativ.

Die Beziehung Marc – Ball

Der Wunsch nach einem reorganisierten ‚realistischen Theater' wurde gelegentlich von politisch interessierten Kulturkritikern, die für die Avantgarde eintraten, wie etwa Adolf Behne, geäußert.[14] Auch Marc

11 In einem Brief vom 17. September 1913 von Lyonel Feininger an Alfred Kubin äußert sich Feininger begeistert darüber, dass Marc alle Einladungen zur Teilnahme an den Ausstellungen der Gruppe nicht mit seinem eigenen Namen, sondern mit „Der Blaue Reiter" unterzeichnet hat (Klaus Lankheit: *Franz Marc: sein Leben und seine Kunst*. Köln: DuMont 1976, S. 110). Marc gibt seinem persönlichen Empfinden jedoch in einem Brief an Maria Marc Ausdruck: „Es ist vorbei mit dem Blauen Reiter" (Franz Marc: *Briefe, Schriften, Aufzeichnungen*. Leipzig: Kiepenheuer 1989, S. 112–113).

12 Für mehr zu Waldens und Balls Beziehung siehe Debbie Lewer: Hugo Ball, Iconoclasm and the Origins of Dada in Zurich. In: *Oxford Art Journal* 32,1 (2009), S. 17–35.

13 Hugo Ball: Brief an Wassily Kandinsky, hrsg. v. Richard W. Sheppard. In: *Hugo Ball Almanach* 2 (1978), S. 66–70; *Hugo Ball. (1886–1986). Leben und Werk*. Ausstellungskatalog Wasgauhalle, Pirmasens / Städtische Galerie im Lenbachhaus, München / Kunsthaus Zürich. Berlin: Publica 1986, S. 36; Marc: *Briefe, Schriften Aufzeichnungen*, Briefe von April bis Juni 1914 sind relevant.

14 Adolf Behne: Im Kampf um die Kunst. In: *Wissenschaftliche Rundschau* 2,4 (1911), S. 77–81.

trat mit steigerndem Eifer für aggressivere Maßnahmen, die das Profil der modernen Künstler heben sollten, ein.[15] Marc jedoch, der sich selbst als kreativer Schriftsteller einschätzte, war gleichzeitig daran interessiert, direkte Sprache in komplizierte Metaphern aufzulösen, um zu unterstreichen, dass der buchstäbliche Sinn des Wortes und somit die vorbestimmte Funktion des geschriebenen Werkes – selbst wenn es von Shakespeare stammt – seine zentrale Rolle verloren habe. Generell gesprochen war das Münchener Theater der Avantgarde anfänglich nicht auf dem nichtlinearen Stil gegründet, mit dem Dada bald assoziiert werden sollte, sondern basierte mehr auf dem Konzept der „Re-Theatrisierung", einem Modell, das aus dem Symbolismus hervorging.[16] Beide Männer waren von den Schriften des symbolistischen Dichters Stéphane Mallarmé tief beeindruckt. Ball war an Mallarmés typographischen Experimenten interessiert, während Marc sich von Mallarmés indirekten Metaphern und Allegorien angezogen fühlte.[17]

Marc gefiel sich nicht nur in der Rolle des Schöpfers von erlösenden Metaphern sondern auch als *Zerstörer.* Er ersann Unruhe stiftende und zerstörerische Handlungen, die er in vielen Fällen auch ausführte, um das notwendige reinigende Fundament für die Welt – nicht nur für die Künstlergemeinschaft, sondern für die gesamte Zivilisation – zu legen.[18]

15 Marc: *Briefe, Schriften, Aufzeichnungen*, S. 112. (Originalausgabe: Vorwort zum Katalog der Ausstellung *Der Blaue Reiter.* Veranstaltet von *Der Sturm*, 2. Aufl. Oktober 1912, S. 3).

16 Siehe Peter Jelavich: Die Elfscharfrichter: The Political and Socio-Cultural Dimensions of Cabaret in Wilhelmine Germany. In: Gerald Chapple / Hans H. Schulte (Hrsg.): *The Turn of the Century: German Literature and Art 1890–1915.* Bonn: Bouvier 1981, S. 507–526, hier S. 512. Zitiert wird aus der Beilage zu den „Zeichnungserklärungen bei Gründung eines Kabaretts" (1910).

17 Marc hat, angeregt durch Mallarmé, sein eigenes symbolistisches Gedicht geschrieben, abgedruckt in Lankheit: *Franz Marc: sein Leben und seine Kunst*, S. 124; *Franz Marc – the Complete Works. Vols. 1–3.* London: Wilson 2001–2011, vol. 1: The Oil Paintings, S. 12–29, enthält einen von der Kuratorin des Lenbachhauses, Isabelle Jansen, verfassten Überblick über Marcs persönliche Bibliothek und seine Vorliebe für symbolistische Dichter. Marc hat einige Bände von Mallarmé mit Anmerkungen versehen.

18 „Wir leben in der Zeit eines ungeheuren Umschwunges aller Dinge, aller Ideen [...] Ideen schwirren in der Luft wie Geschoße im Gefecht. Wir haben keine Zeit, die Knöpfe an unseren Uniformen zu putzen" (Franz Marc: Zur Sache. In: *Der Sturm* 3,115/116 (1912/1913), S. 79).

Ball entdeckte in Marc eine kompatible Tendenz, die er als spirituell motiviert akzeptierte.[19]

Ball, der seit 1912 als eine Art von Hansdampf in allen Gassen für das Theater wirkte, experimentierte bereits mit dem politisch orientierten Nihilismus in Inszenierungen, was später sein kurzlebiger Beitrag zur Bewegung des Dada wurde.[20] Das Konzept eines „neuen Theaters“, für das Ball und Marc eintraten, hatte weder mit dem aktuellen Wagnerischen Modell viel gemeinsam noch mit der in ganz Europa herrschenden Bewunderung für Shakespeare. Es ist daher bedeutsam, dass Ball versuchte ein ‚klassisches‘ Werk eines bewunderten Dramatikers, der noch dazu nicht einmal Deutscher war, neu zu deuten. Die Erfindung eines solchen Zwitters, die neue Form des aktualisierten Klassikers, wie Ball sie vorschlug, entsprang dem Bedürfnis nach neuen künstlerischen Ausdrucksformen und sah als Lösung die Schaffung einer neuen volkstümlichen Gattung vor.[21]

Marcs Brief an Ball vom 8. April 1914 setzt eine Reihe von ethischen und physischen Bedingungen fest, unter denen der gebürtige Bayer bereit wäre an der Inszenierung mitzuwirken. Die Bedingungen waren extravagant, einschließlich einer zu diesem Zweck in Auftrag zu gebenden Komposition und eines vollen Orchesters, um die Musik zu spielen.[22] Marc war es damit völlig ernst. Am nächsten Tag, dem 9. April 1914, schrieb er eine dringende Nachricht an Kandinsky, um die Kontaktadresse von Arnold Schönberg zu erfragen, damit

19 In ihren Ausführungen über Dada in Berlin diskutiert Hanne Bergius den Drang der Dadaisten, die bürgerliche Kultur im Sinne eines von ihr so benannten „linken Ikonoklasmus“ zu zerstören. Hanne Bergius: *Dada Triumphs! Dada Berlin, 1917–1923. Artistry of Polarities. Montages – Mechanisms – Manifestations*, aus d. Dt. v. Brigitte Pichon. New Haven: Hall 2003, S. 275.

20 Kurt Schwitters ging sogar so weit, im Jahre 1947 zu erklären: „Ball war nie einer [Dadaist].“ (Kurt Schwitters an Raoul Hausmann, 29.03.1947, zit. in Friedrich Wilhelm Kantzenbach: Hugo Ball und die Dadaismen: Bericht zum Echo auf Hugo Ball (1886–1986). In: *Hugo Ball Almanach* 12 (1988), S. 67–91, hier S. 69.

21 Eines der erfolgreichsten Beispiele solch einer interpretativen Modernisierung war wohl die erst 1996 erfolgte Inszenierung von *Romeo + Juliet* als Kinofilm (USA 1996) in der Regie von Baz Luhrmann, welche Popmusik, farbenfrohe aktuelle städtische Bühnenbilder und moderne Kleidung verwendete, ganz so, wie Marc sich das vorgestellt hatte. Eine weitere Shakespeare-Verfilmung, *Der Sturm* (USA 2010, R: Julie Taymor), hatte Helen Mirren als eindrucksvolle „Prospera“ vorgesehen, tat aber wenig, um die Rolle Mirandas, die von Felicity Jones als unschuldiges Mädchen dargestellt wurde, aufzuwerten.

22 Marc: *Briefe, Schriften, Aufzeichnungen*, S. 95.

er diesem vorschlagen könne, die Musik für diese Produktion zu komponieren.[23]

Marcs Inszenierung sollte das Publikum mit bizarren Requisiten, unerhörten Kostümen und dissonanten Klangwolken herausfordern. Weiterdenkend suchte Marc die Mitarbeit von verwandten Geistern, die daran interessiert waren, dass, wie Ball sagte, „etwas produktive Neues versucht werde“,[24] ein Bruch mit der Konvention des passiven Publikums, welches die entfernt agierenden Schauspieler betrachtet. Marc dachte an ein extravagantes Sinnenfest mit abwechselnden Vorstellungen von *Der Sturm*, Kandinskys *Der gelbe Klang* und dem japanischen Samurai-Epos aus dem 18. Jahrhundert *Chūshingura*.[25]

Dieser radikale Plan wurde wie vorherzusehen von den etablierten Direktoren der Düsseldorfer Theatergemeinschaft dadurch vereitelt, dass sie damit drohten, jedwede finanzielle Unterstützung für dieses Projekt zu verweigern. Marc hatte Ball bereits mitgeteilt, dass er „nicht die geringste Lust“ habe, bei „halben Sachen mitzuwirken“.[26] Schließlich kam eine traditionelle Aufführung mit Elisabethanischen Kostümen und traditionellem Bühnenbild unter der Regie von Gustav Lindemann am Düsseldorfer Schauspielhaus mit Musik von Anton Beer Waldbrunn und Kostümen von Franz Nager zustande, die ihre achtwöchige Saison Mitte Juni 1914 im Münchner Künstlertheater begann.[27]

Macke als Mercutio

Die folgende detaillierte Darlegung des entsprechenden Abschnitts von Mackes Leben erfolgt, um den Umfang seines möglichen Einflusses auf Marcs Denken darzulegen und auch um zu zeigen, wie die Protagonisten des Expressionismus bereitwillig Malerei mit Engagement in den darstellenden Künsten vermischten.

23 Vgl. ebd., S. 94–95.

24 Hugo Ball: Das Münchner Künstlertheater. In: *Phöbus* 1 (1914), S. 68–74, hier S. 73.

25 Für eine Übersicht über die Vorbereitungen zu dieser Inszenierung siehe ebd., S. 73–74, und Peg Weiss: *Kandinsky in Munich: The Formative Jugendstil Years*. Princeton: Princeton UP 1979, S. 102–103.

26 Marc: *Briefe, Schriften, Aufzeichnungen*, S. 95.

27 Rossel Gollek: *Brennpunkt der Moderne: Der Blaue Reiter in München*. München: Piper 1989, S. 43.

Obwohl *Der Sturm* Marcs erster Versuch war, ein Stück auf die Bühne zu bringen, hatte er bereits viel über Probleme des Theater nachgedacht, schätzte er doch jemanden, der eine Menge über dieses Thema wusste – August Macke, der als frühreifer Neunzehnjähriger für einige Jahre Bühnenbildner für eben dieses Düsseldorfer Theater war, das Ball und Marc für ihre gemeinsame Inszenierung von *Der Sturm* vorgesehen hatten.[28] Marc traf Macke zu Beginn des Jahres 1910 und der Lebemann aus Bonn verwies Marc sehr schnell auf die Künstlergemeinschaften außerhalb Münchens und Berlins und die zunehmende Integration der bildenden, dekorativen und angewandten Künste in eine Welt der hohen Kunst.

Marc bewunderte Macke und war auch verblüfft über die erstaunlichen Erfolge des jungen Mannes.[29] Die beiden Männer entwickelten „eine erotisch-platonische Freundschaftsliebe",[30] die sich in wilder Vermengung ihrer beiden Leben und Arbeit äußerste. Es kann daher keinen Zweifel darüber geben, dass Marc an Mackes Abstecher in die Welt des Theaters sehr interessiert war. Macke war auch mit Shakespeares Werk sehr vertraut.

Von 1906 an nahm Macke gelegentlich Zeichen- und Malunterricht bei einem Privatlehrer – Lovis Corinth – und besuchte auch Klassen an der Kunstakademie in Düsseldorf. Er befreundete sich mit dem Schriftsteller Wilhelm Schmidtbonn, der damals Dramaturg am Düsseldorfer Schauspielhaus war. Schmidtbonn machte den neunzehnjährigen Macke mit dem Zirkel um Louise Dumont und Gustav Lindemann, den Hausregisseuren des Theaters, bekannt.[31] Macke

28 Eine Darstellung der kommerziellen Aspekte von Mackes theatralischen Unternehmungen bringt Sherwin Simmons: August Macke's Shoppers: Commodity Aesthetics, Modernist Autonomy and the Inexhaustible Will of Kitsch. In: *Zeitschrift für Kunstgeschichte* 63,1 (2000), S. 47–88. Für Mackes Position innerhalb der deutschen Moderne siehe Erich Franz / Ursula Heiderich (Hrsg.): *August Macke und die frühe Moderne in Europa*. Ostfildern-Ruit: Hatje Cantz 2001.

29 Macke war auch seit seiner Kindheit mit Wilhelm Worringer, dem Bruder von Emmy Worringer befreundet, die den Kölner Gereonsklub leitete. Er besaß eine Kopie von Worringers Dissertation *Abstraktion und Einfühlung* (1907), was er Marc am 19. Juli 1917 mitteilte, vgl. Macke / Marc: *Briefwechsel*, S. 60.

30 Die Phrase stammt von Manfred Clemenz: „Eine erotisch platonische freundschaftsliebe". Alexej Jawlensky und Marianne von Werefkin. In: *IMAGO. Interdisziplinäres Jahrbuch für Psychoanalyse und Ästhetik* 3 (2015), S. 9–34.

31 Ironischerweise war es der Abgang Schmidtbonns nach Berlin, der die Beförderung des eher konservativen Lindemann, welcher dann mit Marc und Ball über die Inszenierung von *Der Sturm* in Konflikt geriet, ermöglichte.

wurde beauftragt, Bühnenbilder und Kostüme für ihre Inszenierungen – besonders für *Macbeth* – zu entwerfen, und war außerdem ein regulärer Theaterbesucher. Am Beginn des Jahres 1907 erhielt Macke das Angebot, als ständiger Bühnenbildner am Schauspielhaus zu arbeiten, lehnte dies jedoch ab, da er sich über seine künftige Laufbahn noch nicht im Klaren war. Im November hatte er auch die Düsseldorfer Akademie verlassen.[32]

Macke begann inzwischen, ein wesentliches theatralisches Problem, das im Almanach *Der Blaue Reiter* diskutiert wurde, zu erforschen. Wie Ursula Heiderichs akribisch dargestellt hat, begann Mackes Interesse an „der Maske" im Jahr 1907, nachdem er zwei Essays von Oscar Wilde, „Der Verfall des Lügens" und „Die Wahrheit der Maske",[33] gelesen hatte. In einem Brief an Elisabeth Gerhardt aus dem Jahre 1907, kurz vor ihrer Hochzeit, zitiert Macke Oscar Wilde: „In Wirklichkeit aber ist das allein Interessante an den Menschen die Maske, die jeder einzelne trägt, nicht die Wirklichkeit, die dahinter verborgen ist."[34] Er fügt hinzu: „Die Maske ist die Schrift, die Sprache eines Shakespeare ist Kunst."[35]

Es kommt daher nicht überraschend, dass Marc im Jahr 1911, nachdem Macke in seinem früheren künstlerischen Werk bereits Anzeichen seines Interesses für dieses Thema gezeigt hatte, der Meinung war, dass Macke das theoretische und programmatische Anliegen des *Blauen Reiter*-Almanachs unterstützen könne, indem er die verwickelten Assoziationen zwischen Primitivismus, Identität, Theatralik und moderner Kunst herstelle. Mackes Essay „Die Masken" untersucht diese Kernthemen in größerer Höhe.

In „Die Masken" setzt Macke Formen mit Masken gleich und verweist auf die Form als ein „Geheimnis" im Sinne des „Ausdrucks von geheimnisvollen Kräften."[36] Damit bringt er wieder Marcs zentrales

32 Ursula Heiderich: August Macke, Franz Marc und die kunsthistorische Tradition. In: Volker Adolphs / Annegret Hoberg (Hrsg.): *August Macke und Franz Marc: Eine Künstlerfreundschaft*. Ostfildern: Hatje Cantz 2014, S. 229–258.

33 Ursula Heiderich: August Macke und die frühe Moderne in Europa. In: Franz / Heiderich (Hrsg.): *August Macke und die frühe Moderne in Europa*, S. 49–50.

34 August Macke an Elisabeth Gerhardt, 22.12.1907. In: Elisabeth Erdmann-Macke / Lothar Erdmann / August Macke: *Erinnerung an August Macke*. Frankfurt am Main: Fischer 1987, S. 163.

35 Ebd., S. 164.

36 Macke: Die Masken, S. 64.

Interesse zum Ausdruck, denn Form steht hier in der Bedeutung des Ausdrucks von Innerem: „Der Mensch äußert sein Leben in Formen. Jede Kunstform ist Äußerung seines inneren Lebens.“[37] Wesentlich für Mackes Argument ist, dass jedwede Kunst eine Form des Theaters ist und daher seien alle Kunstwerke als Masken zu verstehen, insofern etwas – nämlich das innere Leben des Künstlers – hinter diesen verborgen liegt, dessen äußere Darstellung sich in Form manifestiert. Die Maske verrät, was normalerweise verborgen ist, und zeigt in übertriebener Weise das nach außen gekehrte Innere.
Gerade als Macke in seinen Ölgemälden sich auf Motive des Theaters bezog, wurde Marc dazu inspiriert, die Malerei etwas auf Eis zu legen und sich mit dem Theater zu beschäftigen.

Das abstrakte Theater / Die ‚Wilden' Deutschlands

Sobald klar war, dass Marcs Vision für den *Sturm* verworfen war, drückte er seine Frustration darüber aus und entwickelte einige allgemeine Gedanken darüber, wie es anzustellen sei, dass die fortschrittliche Kunst in verstärktem Maße akzeptiert werde. *Das abstrakte Theater* wurde als Reaktion auf das Nichtzustandekommen seiner Inszenierung geschrieben. Marc bastelte weiterhin an dem Essay herum und sagte, er wolle seinen Entwurf Macke zeigen – wie er am 12. Juni 1914, drei Tage nach Besuch der Aufführung an Macke schrieb.[38] Zu dieser Zeit hatte er aber sicherlich schon begriffen, dass sein Theaterexperiment vorüber war. Die Sache wird durch diesen traurigen Kommentar deutlich: „Wir wissen, daß unser Beginnen hier wie in der Malerei für die Allgemeinheit verfrüht ist, daß die Stunde des modernen Theaters noch nicht erfüllt ist.“[39] Dieser Essay enthält einige Ideen, die Einblicke in Marcs Gedanken darüber gewähren, wie die „neue Kunst“ sich über die Malerei hinaus entwickeln sollte,

37 Macke: Die Masken, S. 64.

38 „Schade, daß Ihr nicht bald mal hierherkommt; wir würden schon über Kunst reden! Eine längere Sache über moderne Theatermöglichkeiten, sehr problematische Ideen – aber ich glaube, es sind wenigstens ‚Ideen'. Wenn ich mal was beisammen habe, schicke ich's Dir – aber mir geht's wenigstens nicht mehr aus der Feder, aber im Stillen schreibe ich allerdings – ich kann's nicht lassen. So in extenso läßt sich schwer darüber schreiben“ (Franz Marc an August Macke, 12.06.1914. In: Macke / Marc: *Briefwechsel*, S. 184).

39 Marc: Das abstrakte Theater, S. 186.

und auch darüber, wie er Gedanken von früheren Kapiteln aus dem *Blauen Reiter*-Almanach, „Die Wilden Deutschlands" mit dem Essay *Das abstrakte Theater* und mit seiner visuellen Vorstellung der Charaktere vom *Sturm* verknüpfte.

Wie bereits festgestellt war Marc ein Schnellschreiber, der oft nur einen einzigen Entwurf hatte und diesen direkt mit nur geringen redaktionellen Korrekturen publizierte, selbst dann, wenn er die Dienste wirklich erfahrener und professioneller Herausgeber und Verleger wie Bruno und Paul Cassirer, Herwarth Walden oder Reinhard Piper in Anspruch nehmen konnte.[40] Marcs Prosa beginnt manchmal mit ganz konventionellen Thesen, verlässt aber oft die lineare Progression und wird durch obskure Referenzen und Nebenbemerkungen wie auch durch Neologismen angereichert und kommt schließlich nicht immer zu einem vernünftigen Ende.[41]

Der Essay *Das abstrakte Theater* ist in zwei Teile gegliedert und behandelt im ersten ganz besonders das Theater. Wie auch in der Vergangenheit[42] wettert Marc gegen die vorherrschenden gesellschaftlichen Bedingungen und bleibt praktische Vorschläge, wie dieser Zustand geändert werden könnte, schuldig. *Das abstrakte Theater* ist ein im Stil eines Manifests verfasster Prosatext, der dem Text „Die ‚Wilden' Deutschlands" sehr ähnlich ist.

Marc übernimmt die aggressive Sprache und die Unruhe stiftende Haltung des Manifests der Moderne. In seinem kurzen Überblick über die modernistischen Gruppen deutscher Maler – Die Brücke, die Neue Sezession in Berlin und den NKVM – welche „neues,

40 Vermutlich war der Essay für Waldens Zeitschrift *Der Sturm* vorgesehen, da Walden bereits früher Marcs etwas kämpferische Artikel unterstützt hatte, wie etwa „Ideen über Ausstellungswesen" (Juni 1911). In: *Der Sturm* 3,113/114 (1912/1913), S. 66.

41 Marcs Streitlust hat öfters Probleme mit Galerien und anderen Künstlern für Macke geschaffen, was Macke diesem auch wiederholt vorgeworfen hat. Macke an Marc: [Datum des Poststempels 05.05.1912]: „Also nochmal! Mit hängt alles am Hals heraus. Bald bin ich schon gar nicht mehr imstande zu unterscheiden [...] Wer hat Euch denn bei Gott dazu aufgereizt, plötzlich diese hirnverbrannte Krachschlägerei anzufangen [...] Was Du in dem Artikel betonst, ist Blödsinn. [...] seid gegrüßt, und der Franz soll ein bisschen ruhiger werden. Ich werd's ihm schon noch mündlich sagen." (Macke / Marc: *Briefwechsel*, S. 126–130.)

42 Marc wettert gegen das Unvermögen des Publikums, die Größe von Kandinskys Bildern, die in der Neuen Künstlervereinigung München ausgestellt waren, zu begreifen: Zur Ausstellung der ‚Neuen Künstlervereinigung' bei Thannhauser. In: Marc: *Briefe, Schriften, Aufzeichnungen*, S. 46.

gefährliches Leben in das Land“[43] brachten, begreift Marc diese „Wilden“ als Protagonisten „des großen Kampfes […] gegen eine alte, organisierte Macht“ – eines Kampfes, den die „Wilden“ gewinnen werden, durch „ihre neuen Gedanken; sie täten besser als Stahl und brechen, was für unzerbrechlich galt.“ [44] Marc distanzierte sich keineswegs, sondern identifizierte sich selber als einen der „Wilden“ („streiten *wir* als ‚Wilde“‘[45]), welche andere Kämpfer solidarisch willkommen hießen: „Wir reichen ihnen, unbekannt, im Dunkeln unsere Hand.“[46]

Beide Essays enthalten auch exzentrische, in kurzen Sätzen gehaltene Invektiven. Durch ihre kämpferische Sprache, Zwietracht stiftende Haltung, selbstsicheren Behauptungen und teilweise durch ihre Form erweisen sich „Die ‚Wilden‘ Deutschlands“ und *Das abstrakte Theater* sowohl den anderen aus dem Boden schießenden Manifesten der Zeit, besonders denen der Futuristen, mit denen Marc und Ball vertraut waren, als auch dem Dada-Manifest Balls, das 1916 bekannt wurde, verwandt.[47] *Das abstrakte Theater* lehnt die gegenwärtige Beschaffenheit des Theaters, die zeigt, wie mächtige Gesetze die Wirklichkeit bestimmen und sogar in eine vorgeblich imaginierte Erfahrung eindringen, nicht nur ab, sondern strebt danach, diese zu zerstören.[48] Wie schon vorher weist Marc die Verantwortung für diesen Bruch den „Wilden“ der Zukunft zu:

> Jede Zeit hat [die Kunst, die sie verdient] ihr Theater, jede das Ihre, jede ein anderes. Dem künstlerischen Tiefstand unserer Zeit entspricht der Tiefstand ihres Theaters. Aber nachdem heute einige junge Quellen wirklicher Kunst aufgebrochen sind, geht endlich auch über die Bühne die Unruhe der Neuerer. Das Theater, das wir in einigen Jahrzehnten haben werden, ist uns allen [noch] ein Geheimnis, da die entscheidenden Werke noch nicht geschaffen sind. [49]

43 Franz Marc: Die ‚Wilden‘ Deutschlands. In: *Der Blaue Reiter*, S. 5.

44 Ebd., S. 61.

45 Ebd.

46 Ebd., S. 63.

47 Ball: *Flucht aus der Zeit*, S. 56.

48 So schreibt Marc, „um die mächtigen Gesetze, die hinter dem schönen Schein walten, zu zeigen. Mit Schopenhauer geredet, bekommt heute die Welt als Wille vor der Welt als Vorstellung Geltung.“ (Franz Marc: Die konstruktiven Ideen der neuen Malerei. In: *PAN* (1912), S. 531.)

49 Marc: *Briefe, Schriften, Aufzeichnungen*, S. 145.

Marc äußerte den expliziten Wunsch, das Theater für die Korrektur dieses Zustands zu benutzen: „die Gewohnheit der Langeweile Lügen strafen“.[50] Er zitiert die „Langeweile“ als Grundübel, dem abzuhelfen sei, sogar mehrmals in diesem Absatz.
Es wäre kein Text von Marc, wenn es keinen obskuren Verweis gäbe wie den im folgenden Satz:

> Selbst die technischen Triumphe dieses merkwürdigen Zeitalters sind keine positiven Werte; sie negieren die Vergangenheit; sie sind unvergleichlich in ihrem großen Eifer, aufzuräumen, ‚aufzuklären‘ und zu ordnen; die wahren Gelehrten vom Schlage Jules Fabre und die großen chemischen Analytiker wissen das, eine Thatsache, die die Menge nicht erfahren darf um des ‚Glaubens‘ und der ‚Propaganda‘ willen.[51]

Marc bezieht sich hier nicht auf Jules Fabre d’Envieu, einen Theologen an der Sorbonne Mitte des 19. Jahrhunderts, sondern auf den sogenannten Dichter der Wissenschaft, Jean Henri Fabre, dessen Schriften er in seiner Bibliothek hatte und mit Annotationen und Randbemerkungen versah.

Die Caliban- und Miranda-Bilder

In seinen Plänen für die Inszenierung des Dramas *Der Sturm* richtete Marc seine Aufmerksamkeit besonders auf zwei Charaktere, Caliban, ein hybrides Geschöpf von dunklem Zauber, und Miranda, die vordergründig passive Tochter des Protagonisten Prospero (Abb. 2 & 3). Das kann als Ausweitung seiner Identifikation mit den „Wilden“ gesehen werden, die in Marcs Glaubenssystem verwurzelt ist, welche er aber auch als Persona adoptiert hat.[52]
Interessanterweise waren, ebenso wie bei dem Essay *Das abstrakte Theater*, Marcs Zeichnungen von Caliban und Miranda nicht, wie vielfach behauptet wurde, vorläufige Kostümentwürfe für die letztlich

50 Marc: Das abstrakte Theater, S. 186.

51 Ebd.

52 Was den *Sturm* betrifft, war für Marc die väterliche rationale Figur Prosperos ohne Interesse. Hier wird vorgeschlagen, dass Marcs bildliche Darstellung von Caliban und Miranda eine Ausweitung seines eigenen Charakters darstellt, den er bereits schriftlich in „Die ‚Wilden‘ Deutschlands“ zum Ausdruck brachte. Der Ausdruck „Wilde“ wurde ursprünglich von dem konservativen Kunstkritiker Hans Rosenhagen, der die französischen Maler, die Marc sehr schätzte, verspottete, als persönliche Beleidigung benutzt. Marc beansprucht dieses Epitheton nun für sich und gibt ihm eine positive Bedeutung. Vgl. Hans Rosenhagen: Die Wilden. In: *Ein Protest deutscher Künstler*, hrsg. v. Carl Vinnen. Jena: Diederichs 1911, S. 65–69.

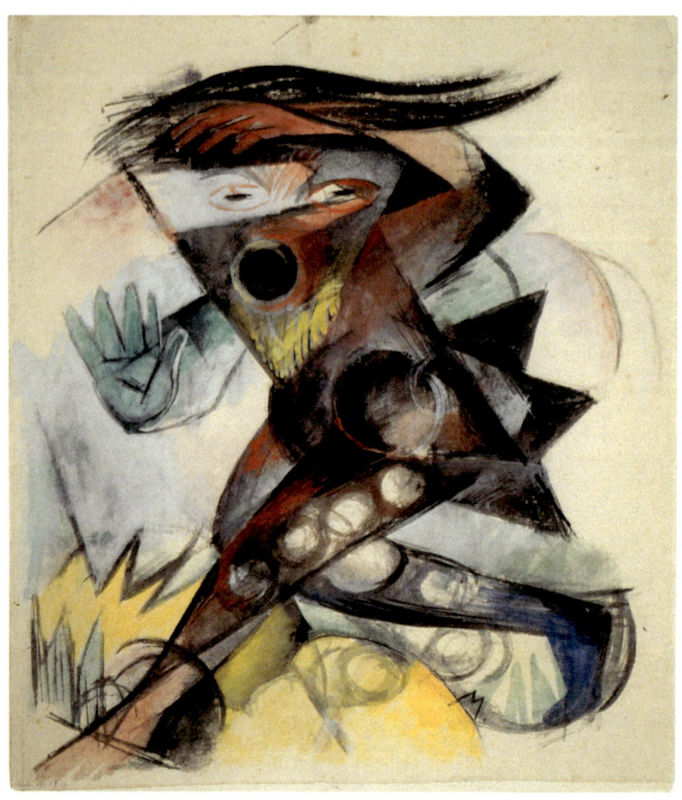

Abb. 2: Franz Marc: *Caliban*, 1914. Figurine für Shakespeares *Der Sturm*. Tempera, 46 x 39,5 cm.

nicht zustande gekommene Aufführung. Obwohl Marc vielleicht im Geheimen immer noch auf eine Wiederaufnahme des Projekts gehofft hatte, wusste er bereits, dass seine Pläne zunichte waren. Was also repräsentieren diese im Juli 1914 angefertigten, für Marcs sonstige Produktion ganz ungewöhnlichen Bilder?[53]

53 Marc hat ganz selten Bilder von fiktiven Charakteren angefertigt. Das einzige vergleichbare Bild ist das Resultat von Marcs Faszination mit Gustave Flauberts Kurzgeschichte *La légende des Saint-Julien l'Hospitalier*. Marc ist zugleich angezogen und abgestoßen von der überraschenden Erlösung des St. Julian und fertigt eine Zeichnung und ein Aquarell an, die auf dieser Geschichte basieren. Tiere spielen eine wichtige Rolle in dieser Geschichte, besonders Rehe. Diese Rehe können, wie in den romantischen deutschen Märchen, sprechen und bilden den dramatischen Wendepunkt dieser Geschichte. Das Aquarell ist katalogisiert in Barbara

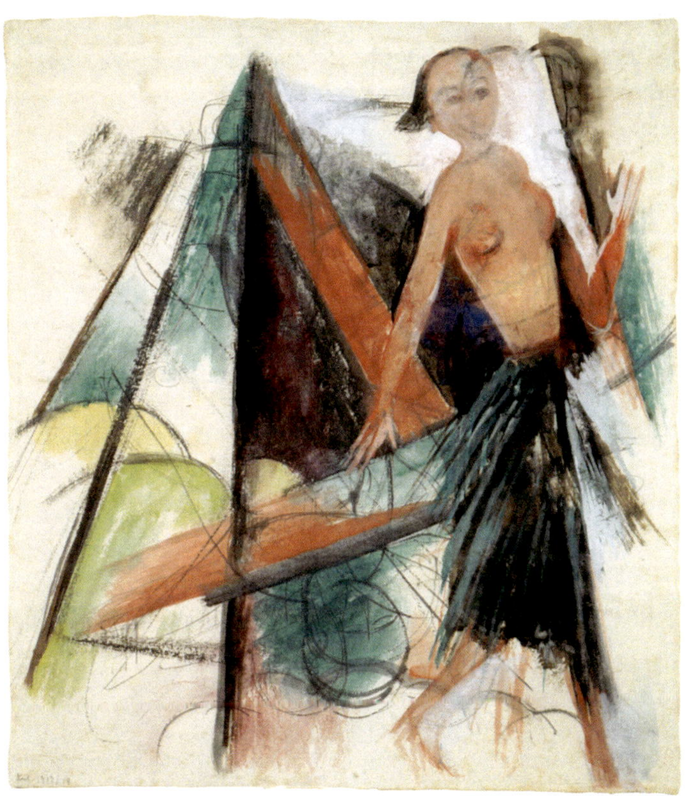

Abb. 3: Franz Marc: *Miranda*, 1914. Figurine für Shakespeares *Der Sturm*. Tempera, 46 x 39,5 cm.

Es ist anzunehmen, dass diese ungewöhnlichen Figuren für Marc *persönlich* wichtig waren. Sie sind schwerlich Skizzen im Sinne einer vorbereitenden Studie. Jedes Tempera-auf-Papier-Blatt ist etwas größer als ein Blatt eines normalen ‚Skizzenbuches', 39,5 x 40 cm, zeigt einen sorgfältig getönten Hintergrund mit Mirandas blassen zitronengelben und Calibans violett, rosa und ockerfarbenen Schatten. Die Figuren selbst zeigen Gemeinsamkeiten und Unterschiede und durch sie spielt Marc mit der konventionellen Darstellung von Charakteren und mit seinen eigenen Gefühlen und Ideen, welche die Moderne, die Geschlechter und „die Wilden" betreffen.

Eschenburg / Helmut Friedel / Annegret Hoberg / Isabelle Jansen: *Franz Marc: The Retrospective*. München: Prestel 2005, S. 88.

In Marcs Konzeption ist es, entgegen der Konvention von Shakespeare-Aufführungen, Caliban, der mit harlekinischen Beinkleidern angetan, an die gewöhnliche Repräsentation „Elisabethanischer" Bekleidung in violett und rot mit einem Kreismuster von den Hüften bis zu den Waden erinnert. Die runden Formen entwickeln sich in der Bewegung von Calibans energischen Schritten und werden in seinem Torso als eine Art angeflanschter Mantel (vielleicht einen Schwanz verdeckend?) wieder aufgenommen. Dreiecke und Kreise dominieren die Komposition. Marc zeigt deutlich Calibans Hand und Finger, sogar die Linien auf seiner Handfläche, wenn die Figur dem Betrachter sowohl gegenübertritt als auch jedes Hindernis abhält. Die Landschaft, die Caliban durchquert, ist unbestimmtes Freiland, das genauso gut die Hügel um Ried als auch die nicht benannte Mittelmeerlandschaft, in der das Stück spielt, sein kann.

Calibans Gesicht erinnert an „Die Masken", somit spielt Marc mit der Idee der Maske, wie sie Macke in seinem Essay vorgetragen hat.[54] Trägt Caliban eine Maske oder verblüffendes Make-up eines eingeborenen Stammes – oder keines von beiden? Könnte Calibans ‚tatsächliches' Gesicht in seinem natürlichen Zustand den Zuschauer mehr schockieren, als ein theatralisches Kostüm das je imstande wäre? Tatsächlich stattet Marc Caliban mit gewissen Zügen der „Wilden" aus: die Augen mit Purpur umrandet, die Pupillen als waagrechte Schlitze wie die einer Ziege und einen ungepflegten gelben Bart ebenso wie den einer Ziege oder eines Satyrs. Calibans Mund erscheint als ein „O" der Erregung, ein schwarzer Schlund und ein weiteres Büschel Haare ist zwischen seinen Augen und dem umgedrehten Dreiecks seines Gesichts angesiedelt, was kurioserweise im Gegensatz zu Kandinskys Prinzip von aufsteigenden Dreiecken steht.[55]

54 Vielleicht spielt Marc indirekt auch auf die maskierten Frauen in Picassos Bild *Les Demoiselles d'Avignon* an, das er 1907 gesehen hat und später wohl im Gedächtnis hatte, als er seine abwertenden Bemerkungen über den Kubismus in „Die ‚Wilden' Deutschlands" machte: „Sie mit ihren kubistischen und sonstigen Programmen werden nach schnellen Siegen an ihrer eigenen Äußerlichkeit zugrunde gehen" (Marc: Die ‚Wilden' Deutschlands, S. 7).

55 In einer berühmten Metapher hat Kandinsky die Menschheit mit einem spitzwinkeligen Dreieck gleichgesetzt, dessen Grundlinie aus der Masse der Menschheit besteht. Am Scheitelpunkt des Dreiecks befinden sich einige aufgeklärte Personen. Studien, die symbolische Bedeutung des Dreiecks für die Expressionisten diskutieren, sind u.a. Sixten Ringbom: Art in ‚The Epoch of the Great Spiritual: Occult Elements in the Early Theory of Abstract Painting. In: *Jounal of the Warburg and*

An den oberen Eckpunkten der streng diagonalen Komposition hebt Caliban seinen linken Arm und winkelt seinen Ellbogen an, sodass seine langfingerige Hand eine auffallend schwarzseidige Stirnlocke durchwühlt und so sein Haare in einer Geste sich beruhigen. Viele Fotos von Marc aus dieser Zeit zeigen einen ausgeprägten Haarwirbel ähnlich dem Calibans. Caliban belebt daher Marcs Vorstellung des „Wilden“, bedeckt aber seine Nacktheit mit Kleidern. Marc, der an das Paradies glaubte, meinte, dass diese Verzierung nicht mit Zivilisation vereinbar war, sondern vielmehr mit der steifen Bourgeoisie, gegen die er kämpfte.[56] Die Wiedergabe des verzweifelten Caliban ist jedoch nicht ohne Mitgefühl.

Marcs Miranda ist auch graphisch innovativ und psychologisch voller Probleme. Miranda übernimmt und wiederholt die lebhaften Dreiecksformen der Caliban-Figur. Marc stellt hier nicht einen zaghaften Teenager, sondern eine moderne junge Frau in energischer Bewegung mit einem dunklen Pagenkopf und wirbelndem Rock dar. Erstens wiederholt dieses Gemälde – es sei daran erinnert, dass es sich um Gemälde handelt, die, wie es Marcs Arbeitsweise entsprach, äußerst sorgfältig und umsichtig ausgeführt wurden – das starke Vertrauen in die Diagonale und das Nebeneinanderstellen von Kreisen und Dreiecken, die bereits im Caliban-Motiv beobachtet werden konnten. Dieselben hellen gelbgrünen und gelben Landschaftsformen wachsen auf der linken Seite des Bildes.

Obwohl eine von Shakespeares schwächeren weiblichen Figuren – ihr Vater Prospero beschreibt sie als „Eve of an enchanted Paradise“[57] –,

Courtauld Institutes 29 (1966), S. 386–418, und Rose-Carol Washton Long: *Kandinsky: The Development of an Abstract Style*. Oxford: Clarendon 1980.

56 Es gibt zahlreiche offenherzige Nacktfotos von Marc, möglicherweise mehr als von jedem anderen Künstler des 20. Jahrhunderts. Oft stellte er sich zusammen mit dem jungen Cousin August Mackes, Helmut Macke, für August Macke als Nacktmodell zur Verfügung, wie z. B. in *Bogenschütze* (1911). Wenn man Berichte über Marcs Leben liest, gewinnt man den Eindruck, dass es für den Künstler etwas schwierig gewesen zu sein scheint, seine Kleider *an*zubehalten. Calibans Kleider sind daher ein interessanter Kommentar Marcs (unpublizierte Korrespondenz und Fotos aus den Jahren 1902–1913 aus dem Franz Marc Nachlass. Deutsches Archiv für Bildende Kunst im Germanischen Nationalmuseum, Nürnberg, und Archivalien aus der Gabriele Münter und Johannes Eichner-Stiftung, München. Städtische Galerie im Lenbachhaus München).

57 William Shakespeare: *The Tempest*, hrsg. v. Harold Bloom. New Haven: Yale UP 2006, S. 23.

erschafft Marc Miranda neu als starke, sympathische, moderne Frau. Was in Marcs pantheistischen Wunschvorstellungen *nicht* vorkommt, ist ein Garten Eden ohne Eva. Marc war vielmehr von der Idee eines *Paradieses* ohne *Gott*, in dem Menschen und Tiere harmonisch zusammenleben, fasziniert (Abb. 4).[58]

Marcs Miranda-Eva findet sich in der Figur der Frau, die er am meisten liebte, Annette von Eckardt. In den zahlreichen Zeichnungen von ihr zeigt er sie immer (im Gegensatz zu den kunstvoll frisierten Biedermeierzöpfen und -haarknoten, die in jenen Tagen von den Münchnerinnen, einschließlich seiner eigenen Frau, getragen wurden) mit aus dem Gesicht gekämmtem dunklem Haar, einem einfachen Pagenkopf, einer Art von Backfisch-Haarschnitt, der erst nach dem Krieg populär wurde. Diese moderne Miranda mit ihrem kurzen, mit Rüschen besetzten, aquamarinblauen Rock, ihrer gebräunten Haut, engen Taille und kleinen Brüsten ist eher eine Vision der Zukunft etwa einer Louise Brooks oder Coco Chanel. Sie sieht den Betrachter an, schwingt ihre Arme ähnlich wie Caliban, lebhaft, jedoch mit geringerer Erregung und schreitet zielbewusst aus dem Rahmen in die Zukunft. Sie wird gezeigt, wie sie von den eingrenzenden Ecken weggeht, völlig behaglich in ihrer Nacktheit und bereit, die Rolle einer durchsetzungsfähigen Eva in einem modernen Paradies zu übernehmen.

Aber Marcs Bild hat einen abgetönten Hintergrund, was möglicherweise andeutet, dass diese Unabhängigkeit nicht leicht zu gewinnen ist. Mirandas Gesicht überlagert halb ein anderes Gesicht einer Figur, die selbst doppelgesichtig ist, eine Hälfte kreideweiß, die andere, abgewandt in kaffeebraun gehalten und ihre eigenen Umrisse sprengend. Eine dritte Figur – Marcs Nutzung des Umrisses als Metapher für den Unterschied zwischen der inneren und der äußeren Welt ist geradezu ein Markenzeichen für ihn – ragt aus dem unteren Mittelfeld heraus und fängt den Schimmer von Mirandas Rock auf – eine Spiegelung oder eine Geistererscheinung? Die Figuren haben keine direkte Relation zu anderen Charakteren in *Der Sturm* und können vielleicht als eine Manifestation von Mirandas Animus gedeutet werden.

58 Hier sei verwiesen auf Tanja Pirsig-Marshall: „Die Sehnsucht nach dem verlorenen Paradies“. Das Wandbild von Franz Marc und August Macke. In: Volker Adolphs / Annegret Hoberg (Hrsg.): *August Macke und Franz Marc: Eine Künstlerfreundschaft.* Ostfildern: Hatje Cantz 2014, S. 58–67.

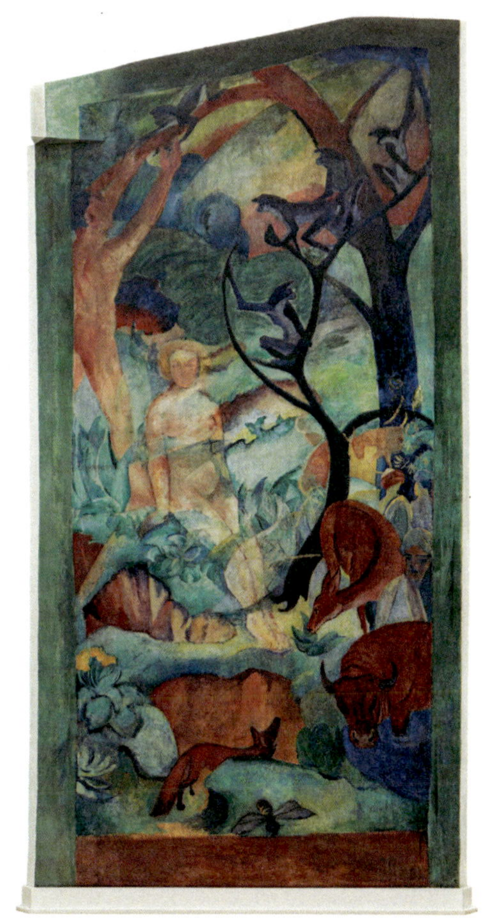

Abb. 4
August Macke / Franz Marc:
Paradies, 1912.
Wandbild, 1,80 x 4 m.

Zusammenfassung

Zur Hundertjahrfeier von Marcs Tod und Dadas Inkarnation in Zürich sollte man sich auch die Frage erlauben, was gewesen wäre, wenn das *Sturm*-Projekt verwirklicht worden wäre. Es ist mehr als zweifelhaft, dass es den radikalen Ideen, die ursprünglich von Marc und Ball (und somit auch von Macke) formuliert wurden, gerecht geworden wäre, da Ball niemals mehr den Versuch machte, diese direkt in die Praxis umzusetzen.

Das historische Vermächtnis von Marc und Ball ist säuberlich getrennt, jedem von ihnen wurde ein eigener Platz im etablierten Narrativ der Kunstgeschichte und Germanistik zugewiesen. Aber

das Schweigen der Gelehrten über die Begegnung von Ball und Marc ermöglicht es, diese Episode in der Art, wie Hal Foster in *The Return of the Real* es getan hat, aufzugreifen.[59] Obwohl einer etwas veralteten postmodernen Abhängigkeit von psychologischen Theorien verpflichtet, schlägt er äußerst praktische Ansätze vor, die Anliegen der historischen Avantgarde als zum Teil völlig gelöst, zum Teil aber durchaus lebendig für unsere Zeit zu begreifen. Diese Episoden der Belebung und „verzögerten Handlung" aus der Historiographie der historischen Avantgarde dienen als Mahnung an alle Forscher, wie vieles von all dem, was sich bloß vor einem Jahrhundert ereignet hat, noch unbekannt und was noch alles zu entdecken ist.
Weiterhin ist zu bemerken, dass das Theater immer noch eine wesenhaft konservative Kunstform ist und dass heutzutage mehr denn je Fragen nach der Identität, der Verschleierung und Performativität, die Macke in „Die Masken" aufgeworfen hat, und die Rolle der „Wilden" für die Veränderung der populären Unterhaltung, wie sie in der ‚wirklichen' Welt wiederhallen, von entscheidender Wichtigkeit sind. Wenn man nun abschließend der Rolle des Verhältnisses zwischen Marc und Macke in der Geschichte des Expressionismus und dem Versuch Marcs, sich Shakespeare zu nähern, größere Aufmerksamkeit widmet, kann man Marc und Macke als das geistreiche und charmante, aber auch selbstvergessene und verlorene Paar Rosencrantz und Güldenstern begreifen, ebenso wie man Marc als den mit Problemen belasteten Hamlet sehen kann, der sich beständig mit Fragen des Schicksals und dem Sinn des Lebens abquält. Macke, der so sehr zur Fröhlichkeit neigte, dessen früher Tod einen Wendepunkt in der Tragik darstellt und dessen Visionen und Geist die Protagonisten zu überschatten droht, ist – ein besonders ergreifender Mercutio.

Aus dem Englischen von August Obermayer

59 Hal Foster: *The Return of the Real: The Avant-Garde at the End of the Century*. Cambridge, MA: MIT Press 1996.

‚Spielen ohne Geländer'

Text und Theatralität in Federico García Lorcas *El público*

Herle-Christin Jessen

> DIREKTOR: ...was mache ich mit dem Publikum? Was mache ich mit dem Publikum, wenn ich der Brücke das Geländer nehme?[1]

Federico García Lorca (1898–1936) verfasste sein experimentelles Theaterstück *El público* in den Jahren 1929 und 1930 während einer Reise nach New York und Havanna. Es konnte aufgrund seines provokanten Charakters und seiner problematischen Überlieferungsgeschichte allerdings erst 1976 publiziert werden.[2] Weitere zehn Jahre vergingen bis zu ersten professionellen Aufführungen in Mailand und Madrid.[3] So komplettierte sich das Bild einer spanischen Avantgarde der 1920er und frühen 1930er Jahre mit über fünf Jahrzehnten Verspätung, zumal auch eine nachhaltige Rezeption des Lyrikbandes *Poeta en Nueva York* (1929/30) sowie der Farce *Así que pasen cinco años* (1931), die gemeinsam mit *El público* die Höhephase theatraler wie poetischer Innovationsbemühungen Lorcas bilden, ebenfalls erst in den späten 1970er Jahren begann.[4] Drama und Bühne des frühen

1 Federico García Lorca: *Das Publikum. Drama in fünf Bildern*, aus d. Span. v. Rudolf Wittkopf. In: Ders.: *Die Stücke*. Frankfurt am Main: Suhrkamp 2007, S. 209–253. „¿...qué hago con el Público? ¿Qué hago con el Público si quito las barandas al puente?" (Federico García Lorca: *El público*, hrsg. v. María Clementa Millán. Madrid: Cátedra 2012, S. 124.)

2 Federico García Lorca: *El público. Facsímil del manuscrito*, hrsg. v. Rafael Martínez Nadal. Oxford: Dolphin 1976.

3 *El público* (Teatro Fossati Milán, UA: 10.12.1986, R: Lluís Pasqual, bzw. Teatro María Guerrero Madrid, Premiere: 17.01.1987, R: Lluís Pasqual).

4 Dasselbe gilt für eine Reihe von experimentellen Fragmenten und Skizzen aus dem Nachlass Lorcas, die allerdings ebenfalls erst in den 1980er Jahren veröffentlicht wurden. Vgl. Wilfried Floeck: García Lorca y la vanguardia. Observaciones sobre el drama de García Lorca. *El público*. In: Ders.: *Estudios críticos sobre el teatro español del siglo XX*, hrsg. v. Hartmut Stenzel / Herbert Fritz. Tübingen: Francke 2003, S. 15–32, hier S. 15.

20. Jahrhunderts in Spanien galten, anders als Narrativik und v. a. Lyrik, insgesamt lange Zeit als rückständig. Dieser Eindruck modifizierte sich nicht zuletzt durch die späte Entdeckung des zeitlebens experimentell schöpferischen Lorca. Mittlerweile ist unumstritten, dass gerade *El público* in seiner sprachlichen, strukturellen und ästhetischen Komplexität zu den bedeutendsten Theaterstücken der spanischen Avantgarde zählt.

El público wird häufig als Paradestück des spanischen *surrealismo* oder, so die parallel verwendeten Begriffe, des *superrealismo* oder des *suprarrealismo*, gewertet.[5] Diese Zuordnung vollzieht sich vor dem Hintergrund der anfänglichen künstlerischen wie persönlichen Nähe von Lorca zu Salvador Dalí und Luis Buñuel sowie der zeitlichen Koinzidenz von *El público* mit der surrealistischen Bewegung. Es sind hauptsächlich der radikal antibürgerliche und antimimetische Charakter des Stücks, die Inszenierung abgründiger Trieb- und Traumstrukturen sowie schockierende und groteske Bildkompositionen, die eine Zuordnung zum Surrealismus stützen.

Durch die folgenden Ausführungen sollen die bisherigen, um den surrealistischen Gehalt von Lorcas *El público* kreisenden Debatten um grundlegende theaterspezifische Aspekte ergänzt werden. Dabei wird ein markantes Spezifikum des Stücks – als Drama die eigene (Un-)Aufführbarkeit zu umkreisen und damit Textualität und Theatralität fest ineinander zu verschränken – von besonderem Interesse sein. Theaterhistorisch betrachtet ist es vor diesem Hintergrund fruchtbar, Lorcas Stück mit zwei einflussreichen Strömungen des frühen 20. Jahrhunderts in Beziehung zu setzen: zum einen mit den Theater-Avantgarden und zum anderen mit dem Drama des Expressionismus. Ab der Jahrhundertwende wurde das Potenzial theatraler Aufführungskunst, das den Beginn der für das Theater im 20. Jahrhundert einflussreichen Performance- und Happening-Bewegung markiert, international entdeckt. Auch das Drama des Expressionismus blieb nicht unbeeinflusst von den vielfältigen theaterreformatorischen Bewegungen jener Zeit. So führte es grundlegende Neuerungen

5 Vgl. stellvertretend für eine Vielzahl weiterer Beiträge: Gustav Siebenmann: Der Surrealist García Lorca. In: Karl Hölz / Siegfried Jüttner / Rainer Stillers / Christoph Strosetzki (Hrsg.): *Sinn und Sinnverständnis. Festschrift für Ludwig Schrader zum 65. Geburtstag*. Berlin: Schmidt 1997, S. 87–97.

durch und bekannte sich deutlich stärker zur Bühnenkunst, als dies bei den eher theaterkritischen Surrealisten der Fall war.[6]
Solche Wechselwirkungen dramatischer wie theatraler Innovationen spielen auch in Lorcas Werk eine gewichtige Rolle. Es ging ihm in seinen Texten zeitlebens um einschneidende Veränderungen innerhalb des Theaters, was sich in *El público* gerade durch die besondere Ausschöpfung und Sichtbarmachung theatraler Mittel offenbart. Das Stück verarbeitet die neu entdeckte und von nun an in unterschiedlichsten Zirkeln forcierte performative Wirkungsmacht des Theaters auf jeder einzelnen seiner zahlreichen Fiktionsebenen. Eben dieses Ineinander einer avantgardistischen Ästhetik und eines metatheatral gespiegelten Ereignischarakters szenischer Darbietung wird zu ergründen sein: Wie wirken expressionistisches Drama und avantgardistisches Theater sowie textuelle, performative und selbstreflexive Grundstrukturen in *El público* (aufeinander ein)? Welche Ziele verfolgt ein Theaterstück, das die performative Kraft seiner szenischen Darbietung bereits in seiner Textform antizipiert?

Expressionistische Ästhetik

El público stellt neben seiner surrealistischen Färbung eine bedeutsame Ausprägung und Weiterentwicklung expressionistischer Ästhetik dar, was im Forschungsdiskurs nur selten expliziert oder erläutert wird.[7] Dies liegt vor allem daran, dass der Expressionismus in Spanien, anders als in Deutschland, als ideologisches und ästhetisches Konzept insgesamt marginal blieb. Gleichwohl weist die spanische Avantgarde, die sich spätestens seit den kulturellen und literarischen Innovationsbestrebungen v. a. von Miguel de Unamuno (1864–1936), Ramón María del Valle-Inclán (1866–1936) oder Ramón Gómez de

6 Bedeutende Ausnahmen sind die surrealistischen Theaterproduktionen von Jean Cocteau, Guillaume Apollinaire und insbesondere jene, späteren, von Antonin Artaud. Sein überaus einflussreiches *Théâtre de la Cruauté* ist in etwa parallel zu Lorcas *El público* entstanden, dem Surrealismus allerdings ebenfalls nur bedingt zuzuordnen.

7 Ausnahmen sind Andrew A. Anderson: *El público*, *Así que pasen cinco años* y *El sueño de la vida*. Tres dramas expresionistas de García Lorca. 1918–1939. In: Dru Dougherty / María Francisca Vilches de Frutos (Hrsg.): *El teatro en España. Entre la tradición y la vanguardia*. Madrid: Tabapress 1992, S. 215–226; Richard A. Cardwell: ‚Mi sed inquieta'. Expresionismo y vanguardia en el drama lorquiano. In: *Imprévue* 1 (1999), S. 41–66; Carlos Jerez-Farrán: La estética expresionista en *El público* de García Lorca. In: *Anales de la literatura española contemporánea* 11,1–2 (1986), S. 111–127.

la Serna (1988–1963) über den *creacionismo* und *ultraísmo* der 1910er Jahre bis hin zum Höhepunkt experimenteller Dichtung in der *generación del 27* der 1920er und frühen 1930er Jahre kontinuierlich entwickelt, viele jener Charakteristika auf, die im Kontext deutscher Literatur als Grundpfeiler expressionistischer Darstellungsformen verhandelt werden. Obgleich sich in Spanien kein eigener, programmatisch gestalteter und durch Manifeste gestützter *expresionismo* ausbildete, waren die Werke internationaler Expressionisten spanischen Künstlern durch Übersetzungen sowie durch vereinzelte Theateraufführungen bekannt. Dies belegt eine Reihe von Kommentaren und Besprechungen in wichtigen Kulturzeitschriften jener Zeit, beispielsweise in der *Revista de Occidente*.[8] Lorca bekennt sich auch direkt zum Einfluss expressionistischer Dichter auf sein literarisches Schaffen und geht dabei sogar so weit, sich in ein Konkurrenzverhältnis zu ihnen zu stellen. So nennt er beispielsweise dezidiert Georg Kaiser, den bekanntesten deutschen Dramatiker des Expressionismus, den er, Lorca, allerdings übertroffen habe: „a Kaiser creo haber superado yo."[9] Diese Überwindung bzw. überbietende Aneignung, die Lorca nicht näher spezifiziert, impliziert – im Sinne der *Influence of Anxiety* Harold Blooms[10] – eine schöpferische Integration der überbotenen Ästhetik in die eigene. So stellt sich die Frage nach den Grundzügen jener überbotenen Ästhetik sowie dem schöpferischen Potenzial, das sich in *El público* entfaltet.

Gemeinsamer Nenner sind v.a. die zunehmende Entreferentialisierung, die künstlerische Schöpfung einer eigenen Realität als Ausdruck innerer Wahrheiten, die Stilisierung bzw. Komposition von Subjektivität und Gefühl sowie die Forderung nach Autonomie der Kunst. Gerade der Drang nach künstlerischer Befreiung, der mit einem provokativ geführten Kampf gegen die überkommene Ästhetik einer mimetischen und bürgerlich kommerziellen Unterhaltungskunst einhergeht, ist auch die elementare Triebfeder des expressionistischen Dramas. So zentriert es gesellschaftlich Marginalisierte,

8 Vgl. Anderson: *El público*, S. 216.

9 Conversación con Federico García Lorca. In: Eutimio Martín (Hrsg.): *Federico García Lorca. Antología comentada.* Madrid: Ediciones de la Torre 1989, S. 39–44, hier S. 43–44.

10 Vgl. Harold Bloom: *The Anxiety of Influence. A Theory of Poetry.* New York: Oxford UP 1997.

wie beispielsweise Kriminelle, Prostituierte oder psychisch Kranke. Dabei erfolgt häufig eine Ästhetisierung des Abnormen, des Unansehnlichen oder des Verabscheuten.[11] Der Blick auf die Ränder der Gesellschaft vollzieht sich in Lorcas *El público* vergleichsweise offensiv. Offen wie in keinem anderen spanischen Stück jener oder vorausgehender Zeit werden verschiedene Spielformen nicht heteronormativer (Geschlechter-)Identitäten sowie sexueller Orientierungen und Praktiken ausgelotet.

Träger dieses Prozesses sind stark typisierte Figuren, deren Psyche nicht, wie noch in Realismus oder Naturalismus üblich, mit dem Seziermesser freigelegt und zumindest scheinbar mimetisch präsentiert wird. Vielmehr treten polymorphe Gestalten in Erscheinung, die ihre psychische Dissoziierung und fragwürdig gewordene Individualität ostentativ im (fehlenden) Personennamen führen: Diener, Direktor, Pferd I–IV, Mann I–III, Gestalt in Weinlaub, Nackter, Krankenpfleger, Student I–V, Dame I–IV etc. Wie im Expressionismus üblich tragen sie als „typisierte Ideenträger“[12] den Verlust eines ganzheitlichen und seiner selbst bewussten Subjekts zur Schau. Bei Lorca verschärfen sich expressionistische Dramenformen aber insofern, als seine Figuren nicht nur als entindividualisierte Typen auftreten, sondern im Laufe des Geschehens so oft die Identität wechseln, dass sie sich teilweise – als würden sie die Zwiebelmetapher in Henrik Ibsens *Peer Gynt* visualisieren – in bloße Schalen abgestreifter, aber dennoch weiter agierender Kostüme auflösen.[13]

Auf semantischer Ebene spiegeln sich Dissoziierung und Konstruiertheit der Charaktere in ihrer sehr eigenen, nicht auf (dia-)logische Kommunikation, sondern auf Mehrdeutigkeit und Bilderreichtum ausgerichteten Sprache, die durch das Oszillieren zwischen alltäglicher, brutaler und obszöner Semantik und höchster Poetizität sowie zwischen den Sprachregistern von Komödie und Tragödie ihrerseits dissoziiert ist.

Es liegt in der Natur dieser größtenteils verlorenen und isolierten Figuren, keinen kohärenten Handlungsfaden zu spinnen, sondern das expressionistische, ohnehin schon fragmentierte Stationendrama in

11 Ralf Georg Bogner: *Einführung in die Literatur des Expressionismus*. Darmstadt: WGB 2005, S. 26.

12 Ebd., S. 80.

13 Vgl. Lorca: *El público*, S. 158–163.

eine unverbundene Reihe unzugänglicher *cuadros* aufzusprengen. Mit der Fragmentierung des Handlungsfadens geht der gänzliche Verzicht auf eine realistische Zeit- und Raumkontinuität einher. Vom Zimmer des Schauspieldirektors (I) gelangt man in eine römische Ruine (II), von dort zu einem Wall aus Sand (III), auf eine Bühne auf der Bühne (V),[14] zu einem Schrank voller beleuchteter Masken („Solo des dummen Hirten") und schließlich zurück ins Zimmer des Schauspieldirektors (VI). Eine weitere Binnenaufsplitterung der skizzierten Räume findet immer dann statt, wenn die Figuren hinter einem beweglichen Wandschirm verschwinden und in anderen Rollen als potenzierte Fiktionen wieder hervortreten. Nimmt man das Büro des Direktors zum Ausgangspunkt der Fiktionsspirale, zeichnet sich in der scheinbaren Willkür der Geschehensräume allerdings eine zirkuläre Struktur ab. Doch ein Handlungsfaden lässt sich nur dann bestimmen, wenn, wie sich noch stärker abzeichnen wird, das Potenzial eines ruhelosen Theaters, ständig neue Fiktionsebenen auseinander hervorgehen zu lassen, paradoxerweise als Fixpunkt gesetzt wird.

El público überragt, wie Lorca mit Blick auf Kaiser verlauten lässt, das expressionistische Drama also insofern, als es die Prozesse der Theatralisierung als intensive Ausschöpfung der bühnenspezifischen Möglichkeiten, die im Expressionismus zur Entwertung der Guckkastenbühne, zur Stärkung des Regie-Theaters sowie zur kathartischen Veränderung des Zuschauers bereits angelegt sind, radikal weiter treibt. Diese Überbietung, die das Theater in seiner Ereignishaftigkeit und Wirkungsmacht zwischen Schauspielern und Zuschauern in den Blick nimmt, soll im Folgenden weiter konturiert werden.

Performance, (Un-)Aufführbarkeit und (Meta-)Theatralität

So austauschbar und episodisch die einzelnen Szenen zunächst auch erscheinen mögen – es kommt ihnen, wenn man das Augenmerk auf ihre Theatralität legt, doch eine beträchtliche Homogenität und Stringenz zu, wie bereits aus einem kurzen Überblick über

14 Das vierte *cuadro* ist nicht überliefert, auch die Nummerierung und Reihenfolge einiger anderer Bilder ist umstritten, da sie im einzigen, nach den Wirren des Bürgerkriegs und den Repressionen der Franco-Zeit überlieferten Manuskript nicht von Lorca verbindlich festgelegt wurden. Vgl. Lorca: *El público*, S. 131, 142, 165, 181, jeweils Fn. 1.

das Gesamtgeschehen hervorgeht: Anstelle des angekündigten Publikums treten vier Pferde bzw. drei Männer sukzessive in das Büro des Theaterdirektors und fordern Letzteren zur Rechtfertigung seiner Bühnenästhetik heraus. Dabei zeichnet sich eine Opposition zwischen einem konventionellen ‚Theater im Freien' sowie einem revolutionären und wahrhaften ‚Theater unter dem Sand' ab. Der Direktor gibt vor, mit Blick auf das ihn bedrohende Publikum nur ersteres inszenieren zu können, lässt sich aber, angeregt durch die drei Männer, auf ein Spiel im Spiel ein, in dem die vier Figuren wechselnde (sexuelle und geschlechterspezifische) Identitäten zum Ausdruck bringen (I). Dieses Verwandlungsszenario vertieft sich im zweiten Bild, in dem der Direktor und Mann 1 – diesmal als ‚Gestalt in Schellen' und ‚Gestalt in Weinlaub' – sowie schließlich flankiert durch weitere Figuren verschiedene (homo-)erotische Konstellationen durchspielen, ohne dass dabei, wie noch im ersten Bild, eine zumindest ansatzweise Halt gebende Rahmenfiktion gesetzt würde (II). Der Blick in die Tiefen theaterspezifischer wie triebpsychologischer Abgründe intensiviert sich im dritten Bild, das das visionäre ‚Theater unter dem Sand' explizit als Theater im Theater inszeniert. Auf der Folie der Grabszene aus William Shakespeares *Romeo und Julia* verflüchtigen sich Lorcas Figuren in ihrer erotisch konnotierten Identitätsfindung in immer weitere Bühnenfiguren, wobei nun auch ihre abgelegten Kostüme zu eigens agierenden Gestalten werden (III). In allen Bildern bleibt die Hauptkonstellation allerdings jene zwischen (verschiedenen Facetten von) Theaterdirektor und Mann 1. Dies ändert sich auch nicht im fünften Bild, in dem ein ‚roter Nackter', eine weitere Spielform von Mann 1, in deutlich heilsgeschichtlicher Symbolik gekreuzigt wird und im Laufe der Szene schließlich stirbt. Parallel zur Agonie des Gekreuzigten besprechen Student I–V und Dame I–IV die rezente Aufführung des ‚Theaters unter dem Sand'. Das Publikum, das bereits die Darsteller der Inszenierung getötet haben soll, fordere nun außerdem den Tod des Theaterdirektors. Dieser verantworte das vermeintlich unsittliche und barbarische ‚Theater unter dem Sand', in dem Julia, obgleich mit einem männlichen Knaben besetzt, Romeo, ebenfalls männlich und doppelt so alt, wahrhaft liebend und in ‚herzzerreißender' Authentizität verbunden war (V). Nach einer Art Zwischenspiel, dem „Solo des dummen Hirten", folgt das sechste und letzte Bild, in dem der Theaterdirektor sowie ein Zauberkünstler, und marginal noch weitere Figuren, die gezeigte Theaterästhetik rekapitulieren und kontrovers besprechen, wobei der Theaterdirektor aufgrund seines aufgesprengten Theatergebäudes und auf Initiative des Zauberkünstlers, Repräsentanten eines konventionellen Theaters, langsam zu erfrieren scheint (VI).

In Lorcas *El público* manifestieren sich Erneuerung und Provokation also grundsätzlich in der parallel konstruierten Identitätssuche eines befreiten Theaters und einer befreiten Sexualität. Insbesondere der Theaterdirektor und Mann 1 streiten als Regisseur bzw. Schauspieler sowie in ihren potenzierten Parallelrollen nicht nur um adäquate Theaterformen, sondern im Zuge dessen um einen angemessenen Umgang mit ihrem homosexuellen Begehren zueinander. Indem sie (wie alle anderen Protagonisten auch) ihr Begehren in vielschichtigen Rollenspielen inszenieren, loten sie ein neues Theater aus, oder anders herum: Indem sie ein neues Theater mit einer stark (meta-)theatralen Ästhetik inszenieren, schaffen sie Spielräume zur Auslotung ihres poetisch stilisierten (homo-)sexuellen Begehrens. Das ‚Theater im Freien' ist schließlich, so eine mögliche Lesart, materiell wie ideell mit dem ‚Theater unter dem Sand' verschmolzen und im Zuge dessen als neues, entgrenztes Theater wahrhaft frei geworden. Gleichwohl scheint seine Zeit noch nicht gekommen zu sein: Seine Träger sterben, seine Gegner scheinen zu triumphieren.

Die Unaufführbarkeit des Binnen- reflektiert jene des Gesamtstücks. Schon Anfang der 1930er Jahre hatte der Dichter – bestärkt von seinem näheren Umfeld – *El público* für ‚irrepresentable' erklärt,[15] und noch der Forschung der 1980er Jahre erschien es trotz der Demokratisierung des Landes als eines der ‚unaufführbarsten' Stücke der spanischen Literaturgeschichte.[16] Dies liegt zum einen an der Inszenierung homosexuellen Begehrens und zum anderen an der Infragestellung seiner Versteh- und Aufführbarkeit in der unentwegten Reflexion der eigenen theatralen Beschaffenheit. *El público* vollzieht seinen Selbstbezug nicht nur verbal durch metatheatrale Kommentare, sondern besonders eindrucksvoll im Fingerzeig auf den theatralen Akt, der stets für sich reklamiert, eine „wirklichkeitskonstituierende Kraft"[17]

15 Vgl. Ian Gibson: *García Lorca. Biografía esencial.* Barcelona: Península 1998, S. 60.

16 Vgl. z. B. Jerez-Farrán: La estética expresionista en *El público* de García Lorca, S. 111.

17 Erika Fischer-Lichte: *Performativität. Eine Einführung.* Bielefeld: Transcript 2012, S. 29.

zu entfalten. Diese Konstitution von Wahrheit und Wirklichkeit im Moment der Aufführung ist die entscheidende Achse im Verständnis performativer Kunst und soll im Folgenden als Zugang zu *El público* erläutert werden.

Im Kontext der Theateravantgarden des frühen 20. Jahrhunderts wird die Entdeckung des Performativen häufig mit dem Begriff der ‚Re-Theatralisierung' belegt.[18] Sie nahm in den Avantgarden erstmals einen zentralen Stellenwert ein und prägt das (post-)moderne Theater seither nachhaltig. Der Dramentext sowie eine umzäunte Fiktion, die sich unbeteiligt aus dem Theatersitz rezipieren ließe, treten zugunsten einer gemeinsam zwischen Schauspielern und Publikum (häufig rauschhaft) erlebten Theatererfahrung in den Hintergrund.[19] Der Drang nach Erneuerung und (Theater-)Experimenten sowie ein gestärktes Selbstbewusstsein der Regie, die dem Schauspiel sowie der originellen Kostüm- und Bühnengestaltung ganz eigene Räume eröffnet, stärken Autonomie und Aufführungscharakter theatraler Kunst.[20] Lorcas *El público* gilt nun aber gerade als unaufführbar, da es die eigene Aufführbarkeit bereits im Dramentext einerseits auf sehr komplexe Weise zelebriert und andererseits, nicht minder komplex, in Zweifel zieht. Dabei sind es eben jene – im Folgenden zu vertiefenden – Grundmerkmale theatraler Performance,[21] die auf verschiedenen Fiktionsebenen ins Werk gesetzt, aber gleichzeitig verzerrt und gebrochen werden. Die Dynamik des Stückes entsteht folglich aus der Wechselwirkung von Metatheatralität und Theatralität. Ihre Schnittmenge besteht v. a. in der Betonung des Aufführungscharakters und dem damit verbundenen Anspruch auf Wirklichkeitskonstitution. Das Metatheater geht – *metá* im Sinne von ‚zwischen', ‚unter', ‚hinter', oder ‚nach' – in einer besonderen Akzentuierung des Theatralen aber einen Schritt weiter, was im Folgenden mit *El público* zu erläutern ist.

18 Vgl. Thomas Anz: *Literatur des Expressionismus.* Stuttgart / Weimar: Metzler 2002, S. 149–158, hier S. 152.

19 Vgl. Margret Dietrich: Retheatralisierungswege im Theater des 20. Jahrhunderts, S. 75. http://hdl.handle.net/11222.digilib/120911 (Zugriff am 14.06.2015).

20 Vgl. Anz: *Literatur des Expressionismus*, S. 149–158; Bogner: *Einführung in die Literatur des Expressionismus*, S. 79–82.

21 Vgl. Fischer-Lichte: *Performativität*, S. 44–65.

Performative Kunst gründet sich in der Zurschaustellung von Leiblichkeit sowie in der Aushandlung des Subjekts als sich im Moment der Aufführung ständig neu hervorbringendes ‚Material'.[22] Eben dieses Ineinandergreifen von körperlicher Präsenz und Ich-Bildung im Aufführungsprozess inszeniert *El público* in eindrücklichen Bildern. Besonders anschaulich ist das mehrfache geräuschlose Ringen zwischen den beiden Hauptfiguren, dem Theaterdirektor und Mann 1.[23] In der betonten Leiblichkeit dieser Sportart, die in der Antike durch die Nacktheit der Ringer noch akzentuiert wurde, werden die beiden eng verschlungenen Hauptachsen des Stücks, die Auslotung homosexueller Liebe sowie jene eines neuen Theaters, performativ zum Ausdruck gebracht. Denn indem die Männer geräuschlos und in körperlicher Intimität im wörtlichen wie im übertragenen Sinne miteinander ringen und dabei die anderen Figuren zu Zuschauern machen, lassen sie das neue (homosexuelles Begehren darbietende) Theater, das der Direktor anfänglich noch für unmöglich gehalten hatte, performativ entstehen. Gleichzeitig zeigt sich die ‚Materialität' seiner Protagonisten in der Omnipräsenz von Rolle, Maske und Kostümierung. Die Figuren sind nicht ‚sie selbst' – was sollte das angesichts der pluridimensionalen Ich-Aufsplitterung auch sein? –, sondern perspektivieren den *Prozess* ihrer versuchten Ich-Bildung im theatralen Akt des ostentativen Rollenwechsels immer wieder neu. Durch ihre ausgestellte Theatralität erzeugen sie, wie dies auch im Avantgardetheater auf der Bühne geschieht, schnelle Wechsel von Räumlichkeit und Atmosphäre sowie einen Rhythmus, der sich in der gebrochenen Zirkel- bzw. Spiralstruktur als „Abweichung von der Wiederholung"[24] konstruiert. Durch die besondere Zurschaustellung von Leiblichkeit, Subjektkonstitution und Maskerade in einer *in actu* geschaffenen Zeit- und Räumlichkeit wird die für das Avantgardetheater konstitutiv gewordene gemeinsame Theatererfahrung der Akteure und des Zuschauers als Koproduzenten der Aufführung anvisiert. Das fiktive *público* lässt sich allerdings nicht auf ein zusammen zelebriertes Zeremonie- oder Rauscherlebnis ein, sondern greift mit der Ermordung der Schauspieler reaktionär und zerstörerisch in

22 Vgl. Fischer-Lichte: *Performativität*, v. a. S. 54–62.

23 Vgl. Lorca: *El público*, v. a. drittes *cuadro*.

24 Fischer-Lichte: *Performativität*, S. 64.

das Bühnengeschehen ein. So stellt sich abschließend die Frage, ob das Hauptcharakteristikum performativer Kunst – im Akt der Aufführung Wirklichkeit und Wahrheit zu erzeugen – in *El público* als besonders gelungen oder als gescheitert präsentiert wird.

Neues Drama, neues Theater – neues Publikum und neuer Mensch?

Als ein Dreh- und Angelpunkt des Gesamtstücks fällt der Begriff der Wahrheit, der *verdad*,[25] mit Ausnahme des zweiten, mehrfach in jedem *cuadro* und ist unmittelbar an die Wirkungsmacht des Theaters gebunden. Das ‚Theater unter dem Sand' sei das wahrhafte Theater, das „verdadero teatro".[26] Es korrespondiert semantisch und ideell einerseits dem wahrhaften Drama, dem „verdadero drama", und andererseits der wahrhaften Liebe, dem „verdadero amor".[27] Letztere möge, so der Direktor, „voller Ungestüm" die Kostüme zerreißen und ein Theater, das nur mehr billige Zaubertricks vollführe, zerstören.[28] Alle drei, Theater, Drama und Liebe, sind in ihrem Anspruch auf Wahrhaftigkeit angesichts der destruktiven Reaktionen des Publikums einerseits „imposible"[29] und kommen, zentriert man ihre performative Wirkungsmacht, andererseits zu höchster Geltung, sterben die Protagonisten doch wahrhaft, „de verdad", in Gegenwart, ja sogar durch die Hand der Zuschauer.[30] Die final von draußen ertönenden Stimmen des Direktors und seines Dieners kündigen in einem Zirkelschluss, wie schon anfangs, am Ende des Stückes wieder das Publikum an. Der ‚neue Mensch', den die Theateravantgarden sowie das expressionistische Drama zu konfigurieren versuchen,[31] wird bei Lorca programmatisch in Gestalt eines neuen Publikums gefordert. Die

25 *El público* setzt einen komplexen Begriff der Wahrheit in Szene, was hier nur noch als Ausblick skizziert werden kann. Die Thematik ließe sich mit Sicherheit in einer eigenen Studie verhandeln.

26 Lorca: *El público*, S. 123.

27 Ebd., S. 149.

28 Lorca: *Das Publikum*, S. 250.

29 Lorca: *El público*, S. 149 sowie 185.

30 Ebd., S. 184.

31 Vgl. Annette Beckmann / Nicola Lepp (Hrsg.): *Der neue Mensch. Obsessionen des 20. Jahrhunderts*. Ausstellungskatalog Deutsches Hygiene-Museum. Ostfildern-Ruit: Hatje Cantz 1999.

Ereignishaftigkeit einer Aufführung lässt sich immer dann als sozialer bzw. politischer Prozess verstehen, wenn performativ Werte verhandelt oder in einem Machtkampf zwischen Akteuren und Zuschauern (oder auch innerhalb eines heterogenen Publikums) der gegnerischen ‚Partei' (gewaltsam) aufgezwungen werden.[32] Das produktive und heilsame Potenzial einer im Modus der Aufführung gemeinsam erlebten Kunst, den Zuschauer nicht im dunklen Theatersaal in Ruhe zu belassen, sondern ihn zu verstören und seine Wahrnehmung durch die „transformative Kraft"[33] des Aufführungsaktes zu verändern, gilt für *El público* in besonderem Maße. Der Weg, den Lorca zur Erlangung dieses Ziels einschlägt, führt ihn zwar zu einer produktiven Auseinandersetzung mit bedeutenden Vorläufertendenzen wie dem Avantgardetheater und dem Expressionismus, sein Stück scheint sich aber letztendlich als ihre höhere Synthese zu verstehen. Das Avantgardetheater geht ihm offenbar, indem es Werk(-begriff), Sprache und Poetizität zerreißt, zu weit, das Drama des Expressionismus hingegen nicht weit genug. *El público* schlägt einen Sonderweg ein. Es versucht die Selbstentdeckung des Theaters, die sich ab der Jahrhundertwende auf der Bühne v. a. zwischen Regisseuren, Schauspielern, Bühnenbildnern, Malern, Musikern, Tänzern und dem Publikum vollzieht, bereits – in deutlich stärkerem Ausmaß als im expressionistischen Drama eines Georg Kaiser oder eines Walter Hasenclever – in der Textfassung seines Stückes zu verarbeiten und durch die Fiktionspotenzierung wiederum textuell zu inszenieren und auszuloten. Wie das Avantgardetheater erhebt es den Anspruch, durch demonstrative Theatralisierung Wirklichkeit zu konstituieren; gleichwohl hebt es seinen fiktiven Charakter als Dramentext nicht auf, sondern potenziert ihn auf einer Vielzahl mit Bedacht konstruierter Fiktionsebenen. Ähnlich verhält es sich mit der Sprache. Sie wirkt in ihrer experimentellen Verwendung einerseits durch ihre Materialität und Lautlichkeit, ist in ihrer überaus dunklen, aber durchgestalteten Metaphorik gleichwohl sich ihrer selbst bewusste Poesie. Beide, sowohl das Theater als auch das Drama, präsentieren sich am Ende als entkernt und sind insofern bereit für einen Neuaufbau: „Man muß alles aushalten, denn wir haben die Türen aufgebrochen und das Dach abgehoben,

32 Vgl. Fischer-Lichte: *Performativität*, S. 57.

33 Ebd., S. 46.

und jetzt bleiben uns nur noch die vier Wände des Dramas."[34] Die hier evozierte Bildlichkeit lässt Textualität, Theater(-gebäude) und Theatralität ineinander aufgehen. Dach und Türen sind aufgesprengt, die vier Wände allerdings bleiben; oder in der eingangs angeführten Metaphorik: Die Brücke zum Publikum wird nicht vollends eingerissen, ihr wird ‚nur' das Geländer genommen. Am Ende scheint die Einsicht zu stehen, dass der Zuschauer nicht unmittelbar ergriffen und dadurch verändert, sondern durch die Ausschöpfung nicht allein theatraler, sondern metatheatraler wie poetischer Mittel – v.a. durch Fiktionspotenzierung und exzessive wie durchkonstruierte Metaphorik – auf Distanz gesetzt und höchstens dadurch wahrhaft verändert werden kann. Bezeichnenderweise hat der Theaterdirektor gerade kein Theater, sondern ein „höchst verzwicktes poetisches Spiel", „un dificilísimo juego poético", schaffen wollen.[35] Was er darunter versteht, kann er konsequenterweise nur figurativ zum Ausdruck bringen: „Das wahre Drama ist ein Zirkus aus Bögen, wo die Luft, der Mond und die Lebewesen ein und aus gehen, ohne einen Platz zum Ausruhen zu haben."[36]

34 Lorca: *Das Publikum*, S. 252. „Hay que resistirlo todo porque hemos roto las puertas, hemos levantado el techo y nos hemos quedado con las cuatro paredes del drama." (Lorca: *El público*, S. 188.)

35 Ebd., S. 250 bzw. 184.

36 Ebd., S. 251. „El verdadero drama es un circo de arcos donde el aire y la luna y las criaturas entran y salen sin tener un sitio donde descansar." (Ebd., S. 185.)

Wie man Literatur performativ zum Leben erweckt

„Opfer, atemloser Wege, blind“

Getanzte Gebete aus verbranntem Lachen. Zur Lyrik Simon Kronbergs

Rebecca Schönsee

Hellerau: Leben in Licht und Maß

1913 bricht Simon Kronberg in die Gartenstadt Hellerau bei Dresden auf, um bei Émile Jaques-Dalcroze zu studieren. Die aus den ‚Neuen Gemeinschaften‘ entwickelte[1] Schule für Körperkunst bietet dem 1891 in Wien geborenen und in ärmlichen Verhältnissen aufgewachsenen Kronberg einen Fluchtort: „[D]ie Welten, Körper, Seelen werden in Takte geteilt, wir baden im Licht, wir hassen die Bühne, wir hassen […] alles Dargestellte, Gebundene, Beleuchtete, Scheinvolle, nackt ist unser Sinn und olympisch unsere Bewegung. […] Hellerau ist unser Wallfahrtsort. Helle Au, wonnige Wiese und Leben in Licht und Maß“[2], so fasst Oscar Bie polemisch die Einstellung der Dalcroze-Schule zusammen. Zugleich trifft Bie, Verfasser der Schrift *Tanz als Kunstwerk* (1905) und wichtige Korrespondenzfigur zwischen den literarischen und künstlerischen Strömungen der Jahrhundertwende, den Kern dessen, was für Simon Kronberg so anziehend wirken musste. Das bewegte „Leben in Licht und Maß“ zieht Kronberg zunächst an. Später wird er beides in seinen Versen brechen und mit seiner Biographie verschränken.

Kronberg, Sohn jüdisch-galizischer Zuwanderer, wächst mit den Traditionen eines chassidischen Judentums auf. Er führt ein unstetes Wanderleben. Von Hellerau aus geht er 1914 nach Berlin und München; er studiert u.a. bei dem Schauspieler-Paar Gustav Lindemann und Louise Dumont in Düsseldorf und zieht schließlich nach Berlin. Den Tanz als Kunstwerk verbindet er schon früh mit Gesang und Gebet zur Gründungsbewegung eines sozialistischen Zionismus. Nach dem ersten Weltkrieg schließt er sich 1921 zionistischen

1 Oscar Bie: Die Dalcrozienne. In: *Neue Rundschau* 23 (1912/2), S. 1162–1166, hier S. 1162.

2 Ebd., S. 1163.

Bewegungen an. So wird 1922 zur Chanukkafeier der zionistischen Ortsgruppe Erfurt sein heute verschollenes Drama *Jeruscholajim im Winter* aufgeführt. Brotberufe wechseln neben seiner schriftstellerischen Tätigkeit parallel zu seinem Engagement in der Synagoge. Mit Mitgliedern des Bundes Habonim Noar Chaluzi Noar Haoved emigriert er 1934 nach Palästina. Doch auch dort geraten seine Texte in Vergessenheit. Er wird Chorleiter und arbeitet als Schuhmacher im Kibbuz Givat Chajim.[3] Hellerau wird ihn nachhaltig prägen. Hier sind es, wie Bie feststellt, die „Bewegungen von Takten, Körpern, Tönen, Lichtern, die zusammen die seltsame Vision idealer Formen darstellen, [...], etwas technisch Erhöhtes, was die Dynamik aller Dinge auf plastische Musik bringt".[4] Diese Visionen idealer Formen werden für Kronberg zur Basis seiner Bildsprache. Das „Schöngeistige"[5], das Bie Dalcroze vorwirft, werden seine Bilder abstreifen. Kronberg leuchten nicht mehr „japanische Lampions in die blaue Nacht"[6], stattdessen lauert ihm das Licht als kalte Spur auf innerhalb seiner Suche nach einer jüdischen Identität, die sich erst nach 1914 verfestigen wird. In seinem 1917 in der *Aktion* erschienenen Gedicht *Spur* heißt es:

> *Spur*
> Da ich mich im elliptischen Dank erinnere,
> stirbt mein Gefühl, verzückt in Brennpunkten auf,
> die zueinander krank sind von kreisenden Augen.[7]

Der Einschluss der Spur in der Ellipse ermöglicht die Verwandlung des kalten Lichts in ein Flimmern am Rand der Form: „Stumm an der Grenze vom Sinn, die Gott umstellte?"[8] Licht und Strahlen bezeugen die elliptische „Grenze vom Sinn", den Kronberg erst im Tanz als Gebetsform findet: „Der Kopf nickt zu Sprung nach Sprung, wie Psalm zum Tun von Gott."[9]

3 Zur ausführlichen Biographie siehe die Zeittafel in Simon Kronberg: *Werke*, hrsg. v. Armin A. Wallas. 2 Bde. Bd. I: Lyrik – Prosa; Bd. II: Dramatik. München: Boer 1993 (im Folgenden zitiert als: *Werke*, Bandangaben in römischen Ziffern), Bd. II, S. 325–334.

4 Bie: Dalcrozienne, S. 1165.

5 Ebd., S. 1166.

6 Ebd.

7 Simon Kronberg: Spur, V. 1–3. In: *Die Aktion* 7,13 (1917), Sp. 171 = *Werke* I, S. 11.

8 Ebd., V. 9 / S. 11.

9 Simon Kronberg: Kapitel. In: *Die Aktion* 7,41/42 (1917), Sp. 558 = *Werke* I, S. 13.

Chamlam und Chasán: Tänzer, Schajeh und Prophet. Opfer atemloser Wege

Kronberg wird sich damit von der Idee einer reinen, lebensreformerischen Körperbildung der Dalcroze-Schule lösen. Seine Texte bilden zunehmend seine biographische Grundsituation ab. Er bleibt Zeit seines Lebens ein Ausgeschlossener,[10] der nie aufhört, die Mechanismen des Ausschlusses in der Figur des Narren und Tänzers auszudrücken. In der Rhythmik seiner Lyrik (im Vers) zeichnet er ein ‚Angesicht‘ seiner Welt, das er in der Maske des erstarrenden Selbst spiegelt und nach außen abschließt: „Ich verschloß mein Gesicht. Ich drückte meine spitzen Finger in die Augenhöhlen. Ich erwarb mir schwarze Sterne, sann in ihnen“[11].

So wendet er sich auf der einen Seite von seinem konfliktbelasteten Elternhaus ab und bewahrt doch dessen ostjüdische Wurzeln. Kronberg wird, wie es Armin Wallas beschreibt, zum „paradigmatischen Dichter des jüdischen Schicksals im frühen 20. Jahrhundert“[12], für den die spezifisch eigene Biographie ein wichtiger Referenzpunkt bleibt. „Der Jude“, wie er ein prägnantes Prosa-Gesicht betitelt, „häuft die Beute teurer Träume zart zu dem Stein der fernen Erde, die sie wahrt zu Bergen, die im Sterben nur noch Himmel sind… zu Schotter, Opfer atemloser Wege, blind und wie ein Angesicht, das seine Särge ausstellt.“[13] In der Verschränkung von Traum und Wirklichkeit offenbart sich die Suche nach einem zweiten Gesicht; dem Schattenriss der „fernen Erde“, den Kronbergs Texte abzutasten versuchen. Es ist der Tanzboden seiner Sprache.

In ihrer Reaktion auf das Zersplittern rationaler Kategorien wendet sich Kronbergs Dichtung nach Innen, um von dort eine Lyrik der Bewegung zu schöpfen, die in ein rhythmisches Bewusstsein mündet: Hier können die „angesagten Worte tänzeln, ist der Richter angenehm zu sehen und der Auferstandene bequem.“[14] Kronberg überhöht die

10 So erinnert sich ein Freund, Jakow Kohl, Kronberg sei „immer ein ‚Einzelgänger‘ gewesen, ein ganz besonderer und ein in sich abgeschlossener, der nur ausstrahlen konnte: Freude am Leben.“ (Jakow Kohl an Armin Wallas, 18.09.1990, zit. in: Wallas: Nachwort. „Ein Jude und ein Dichter dazu.“ Simon Kronberg. In: *Werke* II, S. 335–410, hier S. 400.)

11 Simon Kronberg: Chamlam (1921). In: *Werke* I, S. 133–179, hier S. 167.

12 Wallas: Nachwort, S. 408.

13 Simon Kronberg: Der Jude. In: *Die Dichtung* 2,1 (1923), S. 80 = *Werke* I, S. 27.

14 Kronberg: Chamlam, S. 179.

Ansätze, die sich bereits bei Dalcroze, besonders im Gebrauch des Chores zeigen, in einen messianischen Expressionismus und wendet diesen auf eine spezifisch jüdische Liturgik an. Seine Texte biegen ihre visionäre Gotteserfahrung jeweils zurück in die Welt: Es ist ein orchestrierter Vorgang von Zerbrechen und Wiederaufbauen. „Ich wurde oft zerschlagen und wiederaufgebaut. Ich begann zu fühlen, was ein Wachsender in sich zerbricht und hütet [...] Also bin ich wieder"[15], erkennt Chamlam, Kronbergs fiktiver Doppelgänger und titelgebende Schlemihl-Figur einer Erzählung von 1921, der ihn bereits seit 1916 in Gedichten begleitet. Der Gestalt des Chamlam, des Narren (hebr. Bezeichnung für ‚Dummkopf') und ‚Schattensuchers', folgt „Chasán", der „Chorführer".

Kronberg integriert den Tanz in seine Lyrik als transformative Kraft und Ausdruck eines Gottesgesprächs in der Tradition Rabbi Nachmans, des 1772 geborenen Urenkels des Baal Shem-Tow, des Begründers der chassidischen Bewegung. Die Figur des Rabbi als Tänzer, der seine Gebetsstunden im Tanz gipfeln ließ, findet sich bei ihm wieder.[16] Erst „Chasán" „faltet die Nacht und führt in die Finsternis fröhlich".[17] Anders als „Chamlam der Betende"[18], dem sich die anderen zur Mauer verschließen, so dass sich „sein Blick schließt"[19], leistet Chasán Widerstand: „Chasán taumelt nicht vor diesem Anfang"[20], „Chásan tanzt"[21].

Messianischer Expressionismus – in den Klang gespießt

Den Rhythmus des Versmaßes (Alexandriner in Prosa)[22] und die Assonanzen verankert Kronberg als Bewegungsmoment nicht so sehr im ‚Körper der Musik', sondern im Klang der Fläche, aus der sich

15 Kronberg: Chamlam, S. 163.

16 Weiterführend: Jill Gellerman: Rehearsing for Ultimate Joy Among the Lubavitcher Hasidim. Simchas Bais Hasho'eva in Crown Hights. In: Judith Brin Ingber (Hrsg.): *Seeing Israeli and Jewish Dance*. Detroit: Wayne UP 2011, S. 285–314, hier S. 287; Yehuda Hyman: Three Hasidic Dances. In: Ebd., S. 281–284, hier S. 283.

17 Simon Kronberg: Chasán. In: *Werke* I, S. 180–210, hier S. 182.

18 Kronberg: Chamlam, S. 142.

19 Ebd.

20 Kronberg: Chasán, S. 183.

21 Ebd., S. 184.

22 Vgl. u. a. Kronberg: Der Jude, S. 27.

die Träger lösen, wie Vokale aus der Sprache. Von außen dringen diese „Pfeiler" der Sprachgerüste auf den Körper des Dichters ein. So beschreibt das Gedicht „Kindheit":

> […]. Ich biete noch den Sinn
> von einer Wand von Worten, und die Pfeiler
> fallen aus der Form. Ich, mütterdürftig,
> spiele wie ein Blick zu altem Traum.[23]

Hier spielt der mythische Bezug mit hinein, der berichtet, dass Simson unter den Säulen des Tempels (den „Pfeilern") begraben wird. Kronberg geht allerdings seinen eigenen Weg. Erklärt Hatvani (d.i. Paul Hirsch) in seinem „Versuch über den Expressionismus": „Im Expressionismus überflutet das Ich die Welt"[24], so folgt Kronberg eher einem Schwanken zwischen Außenbindungen und Freiheitssuche. Sein lyrisches Ich erlebt den Eindruck des Außen und opfert sich für die Resurrektion der Welt in einer Neuen Zeit: „Ein Jude ein aufgehängter Jesus ist"[25]. Der Körper wird nicht durch Rhythmus und Klang über die Geste zu „tönenden Schwingungen"[26] und zur Eingliederung in das Ganze erhoben, wie es Dalcroze fordert,[27] sondern umgekehrt: Kronberg bindet den Klang an eine Geometrie des Leidens, die direkt in den Körper hineinschneidet. Der Körper wird zerlegt, und seine Teile werden Kraftspender für ein Neues Jerusalem.
Gesten bieten keine Bewusstseinserweiterung, sondern sind vielmehr Reaktion auf den Eindruck der ‚tönenden Dynamik' eines Zusammenbruchs der ‚Sonanz': „Gehirn erstirbt an einer Vertikalen"[28], bemerkt Chamlam in einem frühen Gedicht Kronbergs 1916. In der Nacht schwindet das Sehen und die Bewegung des Außen spießt sich

23 Simon Kronberg: Kindheit, V. 3–6. In: *Werke* I, S. 80 (unveröffentlicht, ca. 1916–1918).

24 Paul Hatvani (d.i. Paul Hirsch): Versuch über den Expressionismus (1917). In: Armin Wallas (Hrsg.): *Texte des Expressionismus. Beitrag jüdischer Autoren zur österreichischen Avantgarde.* Wien: Edition Neue Texte 1988, S. 9–12, hier S. 9.

25 Simon Kronberg: [Ein Jude ein aufgehängter Jesus ist]. In: *Werke* Bd. 1, S. 73, V. 1 u. V. 18 (ca. 1916–1918, erstveröffentlicht in: Karl Otten (Hrsg.): *Das leere Haus. Prosa jüdischer Dichter.* Stuttgart: Cotta 1959, S. 602).

26 Émile Jacques-Dalcroze: *Der Rhythmus als Erziehungsmittel für das Leben und die Kunst. Sechs Vorträge zur Begründung seiner Methode der rhythmischen Gymnastik*, hrsg. v. Paul Boepple. Basel: Helbig & Lichtenhahn 1907, S. 122.

27 Ebd., S. 136.

28 Simon Kronberg: Chamlam erzählt sich Märchen. In: *Die Aktion* 6,51/52 (1916), Sp. 695–696 = *Werke* I, S. 10–11, hier S. 11.

als Ton in den Leib: „Ich bin in den Klang gespießt.“[29] Aus der Zerschneidung des Körpers entsteht der Klang im liturgischen Kontext. „Die Toten kennt er mit Namen, strahlt für sie Kadddisch.“[30]. Der Lebensbegriff Dalcrozes ist vollkommen aufgelöst in der Sonanz des Körpers.
Die auratische Dimension kosmischer Vereinigungskraft, die der Expressionismus dem Tanz gemeinhin beimisst, erfährt bei Kronberg also eine Neuinterpretation. Das rhythmische Ereignis einer entfesselten Bewegung wird über den Klang der Sprache zum zersetzenden Bewusstseinsinhalt.[31] Im ersten Schritt verschließt sich seine Lyrik damit dem Versprechen einer heilenden Dimension des Tanzes. Kronbergs Opfer an die Vertikale steht dem bei den Expressionisten so vielfältig verwendeten Moment der Elevation gegenüber.[32] Bei Kronberg ist dieses Opfer des Raumgefüges das entscheidende Bedingungsmoment für die synästhetische Metamorphose von Klang zu Licht.
Während Kronberg sich in seiner Hoffnung auf den Tanz als Erlösungsmoment mit Ernst Stadler, Gottfried Benn oder Albert Ehrenstein trifft,[33] findet er in seiner Verknüpfung von Religion und Tanz in seiner Lyrik einen spezifischen Zugang. Tanz meint bei ihm nicht in erster Linie ein Werden und Streben zu einer absoluten Bewegung, wie Ernst Blass 1922 im *Wesen der neuen Tanzkunst* beschreibt,[34] sondern ist vielmehr *Folge* einer religiösen Welt*zuwendung*.[35] Ihr identitätsstiftendes

29 Kronberg: Chamlam erzählt sich Märchen, S. 11.

30 Kronberg: [Ein Jude ein aufgehängter Jesus ist]. In: Werke I, S. 73.

31 Damit approbiert Kronberg die Forderung Hatvanis, Rhythmus sei „nicht mehr das scheinbare Wellenspiel eines toten Meeres, sondern die ewige, unendliche Bewegung der Ströme im Meer. […] Bewegung als Bewußtseinsinhalt ist so eminent neu, daß wir gar keine Begriffe dafür haben.“ (Hatvani: Versuch über den Expressionismus, S. 10–11.)

32 Wolfgang Rothe: *Tänzer und Täter. Gestalten des Expressionismus*. Frankfurt am Main: Klostermann 1979, S. 60– 68.

33 Beispielhaft zu nennen sind hier: Ernst Stadlers *Linda*, Gottfried Benns *Karyatide* (1916), Albert Ehrensteins *Nausikaa*; vgl. ausführlich Rothe: *Tänzer und Täter*, S. 85–91.

34 Ernst Blass: *Das Wesen der neuen Tanzkunst*. Weimar: Lichtenstein 1921, zit. nach Rothe: *Tänzer und Täter*, S. 109–110.

35 Damit kehrt Kronberg eine für den Expressionismus typische Sequenz um: „So ist also die große Umkehrung des Expressionismus: das Kunstwerk hat das Bewußtsein zur Voraussetzung und die Welt zur Folge“ (Hatvani: Versuch über den Expressionismus, S. 11), wenngleich er der Idee einer Bewusstmachung der Welt (ebd., S. 12) folgt.

Moment basiert auf der Vorstellung, durch die Lyrik als Bewegungserfahrung eine Wirklichkeit zu schaffen, die ebenso zum Leben gehört wie die alltägliche Bewegung. Die aus dem zerbrechenden Klang entspringende Geste dient nicht einer ekstatischen Wirklichkeitsflucht, wie sie vielfach für expressionistische Lyrik typisch ist.[36] Die Geste wird bei Kronberg vielmehr zur Möglichkeit einer neuen Verbindung zwischen den Disharmonien der Welt und der Position des Selbst. Bewegung steht deshalb nicht im Anfang der Dichtung,[37] sondern wird zu ihrem Ziel. Inneres Erlebnis und äußeres Erleben verschränken sich in einer brüchigen Erfahrung des „Unfertigen"[38] (Tanz, Sprache, Wort). Erst im Brennpunkt des Klang-Opfers im Gedicht können neue Sinnzusammenhänge geknüpft werden: „Die Nacht schließt ein Kapitel mit sehender Schwärze und darin kann ich an mein Unfertiges, nähe daran Wort für Wort."[39]

Vor diesem Hintergrund zeigt sich bei Kronberg die besondere Funktion seiner Phonetik. Wenn er 1915 während des Krieges in Bonn und Düsseldorf Phonetikstunden hält[40] oder die Regeln der Dalcroze-Methode für den Bereich der Sprache adaptiert, schöpft er nicht nur eine eigene „rhythmische Gymnastik der Sprache"[41], sondern formuliert jene *Gebete*,[42] die den Bereich der Kunst transzendieren sollen. Tanz und der Prozess des Lesens werden in der Liturgie des Textes verschmolzen. Kronberg stellt bereits zu Anfang des Weltkrieges fest: „Ich versteh's so gut – es hat ja keinen Zweck im Zeitalter des gepriesenen Mordes zu leben und auf Kunst zu hoffen als Befreiung für sich und ‚andere'?!!!!"[43]

36 Etwa bei Rudolf Adrian Dietrich: *Das Tanzbuch.* Regensburg: Habbel 1921, nach dem Tanz zur Inkarnation einer Überwelt wird. Vgl. Rothe: *Tänzer und Täter*, S. 114.

37 „Der Expressionismus hat die Bewegung entdeckt […]. Im Anfang war Bewegung. Denn auch das Wort ist Bewegung, und im Anfang war das Wort!" (Hatvani: Versuch über den Expressionismus, S. 12).

38 Kronberg: Chamlam erzählt ein Märchen, S. 11.

39 Ebd.

40 Wallas: Nachwort, S. 362.

41 Ebd.

42 So betitelt und bezeichnet er seine Gedichte mit „Gebet" (Bd. I, S. 22, 203, 102), „Psalm" (Bd. I, S. 47, 61, 62), „Kol nidre", (Bd. I, S. 32, 64), „Kaddisch" (Bd. I, 68, 14).

43 Simon Kronberg: Tagebuch vom 30.10.1914, zit. in: Wallas: Nachwort, S. 361.

Särge von Geräusch, ausgebranntes Holz: Schreibprozess

Aus dieser Hoffnungslosigkeit über die Wirkkraft der Kunst einerseits und aus dem Glauben an die Kraft der Sprache als strukturiertem Klangraum, der eine religiös-mystische Kraft einschließt, andererseits, entstehen seine Figuren. Sie alle sind Ausprägungen von *Schimen in der Stille*, wie Kronberg ein 1923 in der *Dichtung* erschienenes Drama nennt.[44] Sie orientieren sich zunächst an der typisch expressionistischen Figur des „Narren" und tragen zugleich prophetische Züge. Als Chamlam findet der Erzähler sein „Du" (Mistám),[45] bevor „Chasán" die ‚Anderen' einer neuen Welt zuführt: Kronbergs prophetische Gaukler als tragische Tänzer und Chasanim bewegen sich nach einem „Erblinden der Wege"[46] um „Särge von Geräusch", wie es Kronberg in der *Nacht* dichtet:

> Totenlampen lauern
> Im Gewölbe der Nacht –
> Steinerne Mauern trauen
> Um Särge von Geräusch –
> Verbranntes Lachen liegt in den Gassen.[47]

Bei der Suche nach der ‚Spur' der inneren, souveränen Erfahrung werden die Emotionen im Echoraum der vom Krieg gezeichneten Stadt zu Zeichen (Phonemen) im geschützten Raum der Lyrik. Sie ist das „Holz, das auf dem Wege lag und das ich aufhob"[48], wie Kronberg einem späten Gedicht im Oktober 1938 in Haifa, *Der Freund*, schreibt. Der Text ist ‚Aufhebung' und Rettung:

> Er bleibt auf meinem Schreibtisch – trocken, still
> Ein ausgebranntes Holz, ein Wurzelwerk
> War weggeworfen so wie ich. Ich hob ihn auf und damit
> mich.[49]

44 Simon Kronberg: Schimen in der Stille. In: *Werke* II, S. 9–26, Erläuterungen, S. 281–283, u. Nachwort, S. 387–389.

45 Dieser Wechsel wird in dem Gedicht *libe `nju* direkt thematisiert: „die nacht ist um mich. furcht dreht ‚ich' in meinem munde um, / und es wird ‚du'." (Simon Kronberg: libe `nju, V. 11–12. In: *Werke* I, S. 130.)

46 Kronberg: Der Jude, S. 27.

47 Simon Kronberg: Nacht. In: *Die Aktion* 6,24/25 (1916) (= Karl Jakob Hirsch-Heft), Sp. 332 = *Werke* I, S. 9. Erste Veröffentlichung Simon Kronbergs, weitere Autoren des Hefts: Albert Ehrenstein, Hermann Kasack, Max Pulver, Theodor Däubler, Paul Adler.

48 Simon Kronberg: Der Freund, V. 1–2. In: *Werke* I, S. 97.

49 Ebd., V. 19–22.

Kronberg selbst fühlt sich in eine Doppelexistenz hineingedrückt. Seine schriftstellerische Tätigkeit bleibt vielen weitestgehend unbekannt. Zwar schreibt er Sprechchöre (*Pessach im Kibbuz*, 1937/38) und chorische Singspiele, in denen sich sein Ansatz ausdrückt, im religiösen Fest nationale Identifikationssymbole zu stiften,[50] aber seine kritischen Dramen (z. B. *Mamma*, 1944), werden nicht rezipiert oder abgelehnt.[51] Er schreibt weiter auf Deutsch, wissend, dass seine Gedichte und Dramen damit isoliert bleiben.

> Ich bin gesund, arbeite schwer (musikalische Arbeit: Chöre, Stimmbildung, Gemeinschaftssingen). Das ist geldverdienende Arbeit. Daneben läuft die Arbeit des – in deutscher Sprache Dichtenden. Das bedeutet in einem Land, das von der Sprache nicht viel wissen will, eine Komödie – und ich bin der Wurschtl darin.[52]

Wenngleich der Text *Chamlam* viel Anerkennung durch verschiedene Germanisten erhalten hat, ist doch Kronberg an sich bis heute weitestgehend unbekannt geblieben.[53] Das ausführliche Nachwort von Wallas zu der von ihm 1993 herausgegebenen zweibändigen Werkausgabe, bleibt die wichtigste Referenzquelle: „Wer Könige verpflichtet, friert in Seide. Er verstummt zuletzt im Chor der Welt."[54] Kronberg gerät in diesem *Markt*, wie er ihn 1944 beschreibt, in Vergessenheit, ohne je den Glauben an ein Morgen zu verlieren, das er jedoch nicht mehr erleben wird, er stirbt plötzlich 1947: „Und seine Lippen, /

50 So thematisiert sein Dramenfragment [*Wir klagen dieses Volk an*] (*Werke* II, S. 98–109). den Konflikt zwischen gewaltbejahenden Revisionisten und der zionistischen Arbeiterbewegung. Vgl. Erläuterungen. In: *Werke* II, S. 296–297.

51 Über *Mamma* schreibt Kronberg in einem Brief vom 27.10.1947, wenige Tage vor seinem Tod: „Ob ich wohl eine Aufführung dieser Komödie erleben? Hier bestimmt nicht. Sie können nicht umhin die Qualität des Stoffes anzuerkennen – jedoch der Stoff ist ihnen hier zu ‚antisemitisch'! (wörtlich bekam ich das zu hören); sie wagen die Aufführung nicht. Was kannste da machen?" (Zit. nach Wallas: Erläuterungen zu: Mamma. Komödie in drei Akten (1944). In: *Werke* II, S. 276–277, hier S. 277.) In seinem 1937/38 verfassten Drama *Ehud* gestaltet er einen Gründungsmythos des im Aufbau befindlichen jüdischen Gemeinwesens (Wallas: Nachwort, S. 406).

52 Kronberg an Herta Kronberg, seine in Salzburg lebende geschiedene Frau, aus Haifa am 12. Februar 1946 (zit. nach Wallas: Nachwort, S. 407).

53 Karl Otten: Das Werk Simon Kronbergs. In: *Bulletin des Leo Baeck-Instituts* 4 (1961), S. 101–110; Otten veröffentlichte Kronberg in den Anthologien *Schrei und Bekenntnis* (1959), *Das leere Haus* (1959), *Schofar* (1962) und *Ego und Eros* (1963) und bemühte sich um die Verbreitung der Texte mit wenig Erfolg.

54 Simon Kronberg: Der Markt, V. 21. In: *Werke* I, S. 108–109, hier S. 109.

noch inmitten eines Lauts von jenseits, / schließen vor dem Morgen, der beginnt. –“[55]

Fabel der Gewährung:
Tasso und Simson als Dichtergestalten und Tanzende

Es ist verständlich, wenn ihm rückblickend die Hellerauer Zeit als glücklich erschien; sie wird zur Ellipse als ausgeschnittene Zeit eines Märchenglücks: „Für jeden Menschen gibt es wohl im Leben ein vorgezeichnetes Maß Glück (Märchen). Für mich scheint es schon ausgetrunken, aufgegessen.“[56] Nachdem der damals Zwanzigjährige Hellerau verlässt, wird er zum Schwankenden, immerfort Suchenden.

Symptomatisch sind die Rollen, die er in der Folge einstudiert: „Bin ich ein Dichter?“[57], fragt sich Kronberg als „Tasso“, den er nach Hellerau 1914 für die Seeback-Schule einstudiert,[58] und wechselt zugleich in die Rolle des Simson von Frank Wedekinds gleichnamigen Stück. Diese Rolle bereitet er für eine Bewerbung in Düsseldorf bei dem Ehepaar Louise Dumont und Gustav Lindemann vor.[59] Dumont, die berühmt war für das gesprochene Wort und seine Ausdruckskraft,[60] gibt die Richtung vor, die Kronberg mehr in eine Performanz der reinen Sprache leitet.

Im Unterschied zum *Zerbrochnen Tasso*, wie Theodor Tagger (d.i. Ferdinand Bruckner) 1918 ein Gedichtheft in Kurt Wolffs Reihe *Der jüngste Tag* betitelte,[61] gilt für den Tasso Kronbergs: „Über weite Reisen im Gebet erwäge ich die Fabel der Gewährung“[62]. Die Gewährung

55 Kronberg: Der Markt, V. 32, S. 109.

56 Kronberg: Tagebuch vom 2. Oktober 1924, zit. nach Wallas: Nachwort, S. 354.

57 Kronberg: Tagebuch vom 4. Juni 1914, zit. ebd., S. 355.

58 Vgl. Kronberg: Tagebuch vom 3. Mai 1914, zit. ebd.

59 Vgl. ebd.

60 Hierzu ausführlich Wolf Andreas Liese: *Die Schauspielerin Louise Dumont.* Dissertation, Wien 1968. Dumont bemüht sich besonders darum, die Sprache zum Klingen zu bringen. Ihr ekstatisches Theater bezieht sich insbesondere auf die hebräische Sprache, in der keine Vokale geschrieben werden. Die Konsonanten als ‚Knochengerüst‘ bildeten nach Liese das ‚geistige Moment‘, während die nicht geschriebenen Vokale Gefühl und Seele geben würden, das ‚Konsonanten-Gerippe‘ mit ‚Fleisch‘ füllen.“ (Ebd., S. 535–536.)

61 Vgl. ausführlich Rothe: *Tänzer und Täter*, S. 18.

62 Simon Kronberg: Tasso. In: *Werke* I, S. 83 (unveröffentlicht, Gedicht von 1920).

bleibt Kronberg verschlossen. Für Tassos Gewissheit nach dem Leid: „Nein, es ist alles da!“[63] fehlt Kronberg das Zutrauen zum eigenen Genie. Zu sehr ist er im „Schrei seiner Mutter“[64], wie er es in *Der Tanzende. Eine Legende* erzählt, gefangen: „Der Knabe lernte den Schrei seiner Mutter. Er vergaß ihn nie. So wuchs er heran.“[65] Hier verschränkt Kronberg seine biographische mit einer metaphysischen Ebene. Nicht nur in seinen Texten ist die Mutter „eine allem leben kleinleuchtende“.[66] Seine Beziehung zur Mutter war konfliktbelastet.[67] Sein Tanz ist dabei als Vermeidungsgeste zu verstehen: „Denn Schreien hast du mich gelehrt, meine Mutter. Und einen Fluch. Und die Schläge dazu. Ich erkenne die Fläche der mir Begegnenden“[68]. Diesem gewalttätigen Begegnen entflieht er durch die Umdeutung seiner „Auserwähltheit“. „Der Tanzende“ vermeidet das Heim: „Er meidet die Häuser, die sich vom Segen der Väter erheben. Das ist die weite Welt dem Erwählten, dem Tänzer. Wenn er müde wird.“[69] Der „Verholzte“[70] kann das Unbelebte (‚ausgebranntes Holz‘[71] und ‚Schotter‘[72]) nicht mehr beleben,[73] zu sehr versinkt er in Fremdheit.[74]
„Einzig“ zu sein „wie ein Blick im Licht“, bleibt für Kronberg ein Traum der Entfesselung in der Anrufung „Kauhens“[75], des Hohepriesters. Kronbergs „gelaufenes Gebet“[76] führt in eine Mystik

63 Johann Wolfgang von Goethe: Torquato Tasso. In: Ders.: *Werke*, Bd. 5: Dramatische Dichtungen III (Hamburger Ausgabe in 14 Bänden). Textkrit. durchges. u. komm. v. Erich Trunz. München: Beck 1998, S. 166 (5. Akt, 5. Auftritt, V. 3417).

64 Simon Kronberg: Der Tanzende. Eine Legende. In: *Werke* I, S. 336–339, hier S. 336.

65 Ebd.

66 Simon Kronberg: Freund. In: *Werke* I, S. 81, V. 6.

67 Vgl. Wallas: Nachwort, S. 341.

68 Kronberg: Der Tanzende, S. 337.

69 Ebd.

70 Vgl. Kronberg: Der Freund, S. 97.

71 Ebd.

72 Vgl. Kronberg: Der Jude, S. 27.

73 Siehe: „Mein Schrei ist erfroren im See der Lächeln. Mein Fischer soll Gott sein.“ (Simon Kronberg: Psalm. In: *Werke* I, S. 47.)

74 Simon Kronberg: [Es war ein tiefes Versinken in Fremdheit]. In: *Werke* I, S. 82.

75 Simon Kronberg: Kauhen. In: *Werke* I, S. 19 (zuerst erschienen in *Die Dichtung*, 1920).

76 Simon Kronberg: [Das jüdische Kind]. In: *Werke* I, S. 51, V. 16.

der Zahl.[77] In der Verschränkung von Rhythmik, Bildsprache und Zahlenmystik liegt das performative Element seiner Lyrik. Wenn die „Sprache des Mundes“[78] schläft, beginnen die „Gespräche der Siebenzig in der Zeit“[79] des Chásan: „Er will und er ist das Blenden des Bestehenden bis zu Funken in den Farben des Himmels“[80]
Simson, bereits für Döblin exemplarische Dichterfigur,[81] ist auch für Kronberg eine Leitfigur, denn sie bietet einen Referenzrahmen für seine inneren Bilder von Zerbrechen, Erblinden und Entfaltung im Licht nach dem Opfer: Wedekinds *Simson oder Scham aus Eifersucht*[82] sei stichwortartig in Erinnerung gerufen: Simson stürzt in seinem Übermut aus „Finsternis in Finsternis“[83] – „Blind seh’ ich klar, wie blind ich sehend war“[84] – und bleibt doch darin gefangen. Als wilder Tänzer und Liebender steht er im Bann Delilas, der Blendenden, wenngleich er als blinder Sänger erkennt: „Welt, wenn Du aufhörst, Narrheit und Betrug / Zu sein, welch Scheusal bist du!“[85] Für das Volk ist Simson, wie Kronbergs ‚Chamlam‘, ein „Tollpatsch“[86]: „Holt Simson her und höhnt ihn, bis er tanzt.“[87] Simson, der durch Delila geschändete, bleibt in der Version Wedekinds ihr bis in den Tod verbunden. Während der König Delila tötet („Von Leichnam wächst zu Leichnam meine Macht“[88]), erbittet Simson ein Zeichen; statt zur Belustigung der anderen zu tanzen, stürzt die Szene ein. Der Kunst Simsons weicht der kosmische Tanz der Vernichtung. Anstelle eines Vorhangs fallen Trümmer, symbolisch als Säulen des Tempels.

77 Z.B. „Bleib stehen, ‚Chamlam! Zähle deine Schritte erst, bevor du grundlos eine Nacht umgehst. Binde deine Schritte mit dem Denken, wenn sie fallen wollen.“ (Kronberg: Chamlam, S. 154.)

78 „Die Sprache des Mundes ist wach in der Verleugnung des Lichts.“ (Kronberg: Chasán, S. 207.)

79 Kapitelüberschrift, ebd.

80 Ebd., S. 208.

81 Alfred Döblin: Berlin und die Künstler (1922). In: *Alfred Döblin 1878–1978*. Ausstellungskatalog Deutsches Literaturarchiv / Schiller-Nationalmuseum. Marbach: Deutsche Schillergesellschaft [4]1998, S. 215.

82 Frank Wedekind: *Simon oder Scham und Eifersucht. Dramatisches Gedicht in drei Akten.* München: Georg Müller 1914.

83 Ebd., 1. Akt, 6. Auftritt, S. 48.

84 Ebd.

85 Ebd., 2. Akt, S. 90.

86 Ebd., 3. Akt, S. 99.

87 Ebd.

88 Ebd., 3. Akt, S. 114.

Damit wird Kronberg in der Figur Wedekinds, die Kronberg als Rolle einstudiert, zum prophetischen Täter. Der inneren Eingebung folgt die Expression der Bühne, der Einsturz ihrer Architektur. Dieser Sturz aber wird bei Kronberg zum Moment für die Erhebung in eine neue Dimension. Die Vernichtung wird „überstrahlt“ gemäß dem Mythos, der Simson zum Richter Israels umdeutet, gemäß einer späteren Redaktion zu Richter 13–16.

Kronberg formt seine messianische, expressionistische Lyrik aus „strahlenden Sätzen“ und transponiert sie zum getanzten Gebet, das sich im liturgischen Rhythmus seinen Ort erobert. Das lyrische Ich wird zum „Schajeh“[89], dem tanzenden Menschen, dessen „Inneres Brennen“ als „Hitlahbut“ den Tanzenden und damit das Gedicht als solches zugleich zum ‚Ort der Welt‘ wandelt. Buber erklärt die ‚Hitlahabut‘ im *Sinn der chassidischen Lehre*[90] als

> das Brennen, die Inbrunst der Ekstase. Sie ist der Becher der Gnade und der ewige Schlüssel. / Ein feuriges Schwert hütet den Weg zum Baume des Lebens. Es zersprüht vor der Berührung der Hitlahabut. Ihr leichter Finger ist ihm übermächtig. Ihr ist die Bahn offen, und alle Schranke versinkt vor ihrem schrankenlosen Schritt. Die Welt ist nicht mehr ihr Ort: sie ist der Ort der Welt.[91]

Im allegorischen Schriftsinn ist Hitlahabut, so Buber,

> die Tochter eines Menschenwillen und die Herrin der Heerscharen, das Fünklein eines Wesens, das sterben muß, und die Flamme, die Raum und Zeit verzehrt, das im Aufblühn welkende Gewächs einer Sehnsucht und die Wurzel des Weltenbaums. Sie erweitert die Seele zum All. Sie verengt das All zum Nichts.[92]

Die Kataklysmen des Vernichtungsgeschehens verkehren sich zur Antizipation einer herrschaftsfreien Welt.[93] Entsprechend

89 Simon Kronberg: Kapitel. In: *Werke* I, S. 13. „Schajeh Hagimel“ leitet sich von „Jeschajahu/Jesaja“ ab. „Ha-Gimel“ bedeutet „die Drei“ bzw. „der Dritte“, „Schajeh Hagimel“ meint also „Jesaja, den Dritten“. Vgl. Kommentar, *Werke* I, S. 351, sowie ausführlich: Armin Wallas: Literatur-Archäologie oder Von der Wiederentdeckung eines vergessenen Expressionisten: Simon Kronberg. In: *Mnemosyne* 30 (2005), S. 78–89, hier S. 83–85.

90 Martin Buber: Der Sinn der chassidischen Lehre. In: *Neue Blätter* 3,1–2 (1913), S. 46–60.

91 Ebd., S. 50.

92 Ebd.

93 Erfüllt in der „Jüdischen Feier“, mit Inbrunst sprechen, das wünscht sich Kronberg (zit. nach Wallas: Nachwort, S. 405).

zerschneiden Chamlams Lanzenspitzen mit Nagelschuhen die Erde, während das „Ich“ sich selbst durchstößt.[94]

So erklärt sich, warum das „Zersprühen“ zur Bedingung der Möglichkeit einer neuen, chiliastischen Gemeinschaftsbildung wird. Wenn sich Kronberg also in Palästina besonders dem Gesang mit dem Publikum widmete (Schira bezibbur),[95] so ist dies auch im Kontext seiner Vorstellung einer Neuformierung jüdischer Gemeinschaft zu erklären und als Teil seines religiös-performativen Ansatzes, den er bereits 1917 formuliert. Aus dem *Erdbeben* entsteht erst die Lesung aus den Büchern des Propheten, die Haftara (Abschluss), die nicht mehr auf den Vorsänger (Chasán) beschränkt ist, sie steht nun den Laien offen.

„Denn die Erde trinkt Blut, ohne zu erbrechen. […] Tag brockt von den Wänden, zu früh gebornen Worte, alle Hände fallen zitternd.“[96] Die Erde erwacht unter dem Tanz all derer, die dem Rabbi folgen: „Rabbi erhebt sich. Neunundsechzig erheben sich.“[97] Während im Tanz die Erde erblindet („Kratzt mir das Blut von den Augen, ich werde blind“[98]); während der Gebetsschritt die Erde mit einem Schleier der Schritte der ‚Siebzig‘ (69+Rabbi) bedeckt, erwacht die Erde in der Zahl 70 zu einem Erblinden der Wege, die gerade darum den Lichtweg weisen. Hier bedient das lyrische Ich als „Chasán“ die Stille:[99] „Leid legt Schritt zu Schritt, in sich gemessen, in sich den Sinn. Doch wir begegnen dem Leid. Wir messen ihm zu.“[100] Das Aleph kann ersetzt werden durch das Ajin, die 70. „Die körperlichen Augen öffnen sich für ein anderes Licht, für ein in der Vielheit gebrochenes Licht.“[101] Es bildet sich also ein „Gewand aus Worten am Morgen“[102]:

94 Kronberg: Chamlam erzählt sich Märchen, S. 11.

95 Wallas: Nachwort, S. 404.

96 Simon Kronberg: Erdbeben. In: *Werke* I, S. 12.

97 Ebd.

98 Ebd.

99 Vgl. Kronberg: libe `nju, S. 130, ebenso: Schimen in der Stille, 5. Szene. In: *Werke* II, S. 25.

100 Spricht Chásan in Kronberg: Schimen in der Stille, 5. Szene.

101 Friedrich Weinreb: *Der göttliche Bauplan der Welt. Der Sinn der Bibel nach der ältesten jüdischen Überlieferung*, aus d. Niederl. v. C. Schumacher. Gekürzte Fassung. Zürich: Origo 1966, S. 153.

102 Kronberg: Chamlam, S. 178.

„Der Morgen des Urlichtes ist es, der Morgen, der allen Welten das Gute vollendete.“[103]

Geometrien des Leidens als ‚Macht in Reserve'. Flächen der Zertrümmerung

Bei Kronberg wird das Bild der Strahlen und des Lichts zu einer inhaltlichen wie strukturellen Metapher für den Widerstand gegen Erfahrungen des Verlusts. „Wie der Seele ein Gewand gegeben ist, dass sie in dieser Welt bestehen könne, so wird ihr ein leuchtend Gewand höherer Art gegeben, um in jener Welt zu bestehen und in den Spiegel zu schauen, der aus jenem Lande des Lebens sein Licht empfängt.“[104]

Sein Gedicht schließt den Tod im „verbrannten Lachen“[105] ein und öffnet als Brandopfer und „Fläche der Zertrümmerung“[106] die Grenzen der Sprache für eine pneumatische Metasprache der „Lichtwesen“.[107]

> Es erhebt der Beschluß diesen Körper von der Erde, hart an der Kante, die dein Blindsein bringt – und du bist zerschnitten von der Sprache der verschiedenen Gebiete des links und rechts. Ängste flattern und versammeln ihren Schatten vor dir, da sie selbst sich nicht mühen, wie seltsame Leiber, denen das Licht sich entgegenstellt, um neu zu formen am Anscheinenden die Tat, die Lust zu üben.[108]

So werden Kronbergs Texte zu getanzten Gebeten aus verbranntem Lachen: „Das Gelächter der Wissenden rauht ein Grab des Lebens“[109]. Er bildet eine Bewegung des Leids als Klang-Geometrie ab und erweitert sie zu einer Einladung, nämlich in die Stunde, in „den aufgeschnittenen Würfel“[110] einzutreten.

103 *Der Sohar. Das heilige Buch der Kabbala*, nach dem Urtext hrsg. v. Ernst Müller. Wien: Glanz 1932, S. 76.

104 Ebd., S. 158.

105 Kronberg: Nacht, S. 9.

106 Simon Kronberg: Gesicht. In: *Die Dichtung* 2,2 (1923), S. 77. = *Werke* I, S. 23; vgl. auch ders.: Chamlam, S. 163.

107 Ernst Müller: *Der Sohar und seine Lehre. Einleitung in die Gedankenwelt der Kabbala.* Bern: Origo ^{4}1993, S. 133; vgl. *Der Sohar*, S. 62–67 zu Ps. 19.

108 Kronberg: Chasán, S. 189.

109 Ebd., S. 190.

110 Ebd.

Die Lektüre führt zum chorischen Tanz, und der Tanz als Gebet führt zur Lektüre der Welt. Der Würfel ist Symbol der Erde und Welt und ist zugleich ein Weltgefängnis.[111] Er wird „aufgeschnitten" und damit bei Kronberg zum Leibraum, der den Eintritt in eine Raumzeit ermöglicht, in das „rhythmische Gebäude"[112] einer neuen Welt. Die in Schmerzzonen zerfallene Welt schafft bei Kronberg der narrativen Figur einen Körper. Die Poesie wird zur Hülle des Leibes und zum sakralen Schutzgitter im Text. Das Gitter, zunächst Metapher für Sprachohnmacht und Gefängnis, wird zugleich zur „Frage nach der Dauer und der Sicherung"[113]; nicht die Figur zerbricht schließlich, sondern das Wort: „Denn nicht Chamlam ist es, der fällt. Das Wort fällt und zerbricht. Und darum heißt es in dem vorigen Kapitel: Das ist ein neuer Mensch, Welt!"[114]

Seine Gedichte zeigen Expression als eine ‚Macht in Reserve'[115]. So wie das „Tier" Simson (auch Kronberg bezeichnet sich immer wieder als Tier) ausbricht und im Gebet die Welt der Gewalt zum Einsturz bringt, so fungiert bei Kronberg die dichterische Geste des Gebets (Kaddisch) als Befreiung aus dem Gefühl eines zusammenbrechenden Jahrtausends, wie es Hugo Ball in seiner Rede auf Wassily Kandinsky (1917) beschreibt.[116] Aus der Anarchie einer gottlosen Welt und dem Zerbrechen der Mauern des Würfels entschwindet der Maßstab. Bringt nach Ball die Elektronenlehre „ein seltsames Vibrieren in

111 Zum Bild des „Weltgefängnisses" im Expressionismus, siehe Wolfgang Rothe: *Der Expressionismus. Theologische, soziologische und anthropologische Aspekte einer Literatur.* Frankfurt am Main: Klostermann 1977, S. 100–108.

112 Kronberg: Chamlam, S. 137. Gemeint hier: Hinweis auf die nach Plänen von Heinrich Tessenow errichtete Bildungsanstalt von Jaques-Dalcroze in Hellerau bei Dresden (Erläuterungen zu Chamlam, S. 373); ebenso: Gewölbe als Licht-Tempel. In: Chasán, S. 185.

113 Kronberg: Chamlam, S. 153.

114 Ebd., S. 151.

115 Mark Franko überträgt einen Ansatz von Genevieve Stebbins (1902) auf Isadora Duncan, deren ‚Macht in Reserve' (Stebbins) er in einem „pre-expressive performance level' verankert sieht (Mark Franko: *Dancing Modernism / Performing Politics.* Bloomington / Indianapolis: Indiana UP 1995, S. 11). Ähnlich sind bei Kronberg Bewegung und Gebärde oft zunächst Invokationen einer Ausdrucksfähigkeit, die in der Sprache angelegt ist und die erst im Wort oder im chorischen Gesang als Gebet zum Ausdruck kommt. Genevieve Stebbins: *'Artistic Stature Posing' in: Delsarte System of Expression* (1902), rpt. New York: Dance Horizons 1977, S. 144.

116 Hugo Ball: Kandinsky (1917). Vortrag gehalten in der Galerie Dada. In: Ders.: *Der Künstler und die Zeitkrankheit.* Frankfurt am Main: Suhrkamp 1984, S. 41–54.

alle Flächen, Linien, Formen“[117], so setzt Kronberg diesem Vibrieren seinen Leib in der Sprache entgegen. Balls Beschreibung der zu „turmhohen Masken“[118] verschmelzenden Einzeläußerungen konvergiert mit den „Flächen der Zertrümmerung“[119], die Kronberg beschreibt. Sie geben jedoch Raum für einen Tanz in der Sprache, der zu einem Lichtertanz wird. Worte überziehen die Stadt mit einem Strahlennetz:

> Eine Seite zuckt in Schmerzen, die ein Polyp zufügt, die andere feiert Feste und die elektrischen Straßenbahnen illuminieren Erlebnisse. Posaunen sind die Worte, die mir zugeboren werden aus Tätlichkeiten, sie formen sich zu strahlenden Sätzen, es bedarf nur noch der Melodie eines köstlichen Frauenlächelns, und in sich geschlossen ist die Sinfonie Berlin.[120]

Kronbergs Sinfonie Berlins ist die leidvolle Erfahrung der Stadt der Expressionisten, die im ätzenden Klang und Geräusch als „strahlender Satz“ ihre Widerspiegelung im Text findet. Kronberg gewinnt eine Bildsprache, die durchlässig wird für ein aus „Licht“ zu opferndes Licht, das sich erst im Angesicht der Liebe zeigt, dann nämlich, wenn „Sonnen funkeln an / Wie Panther springen sie aus glühendem Licht“[121]. „Wie sich aus Kugelform die Kanten lösen“[122], weihen die von Gott geschaffenen „Zacken der Zertrümmerung“[123] den ersten Tag der anbrechenden Lichtwelt.

Stadt der Toten: Zerrende Schatten. Der Chor als selbsterleuchteter Körper

Was Kronberg bildlich einfängt, ist eine Stadt der Toten, die sich in der religiösen Erfahrung neu gründen muss. Lag das poetische Ziel von Wolf Przygode und Hermann Kasack, Herausgeber der für Kronberg wichtigen Zeitschrift *Die Dichtung*,[124] darin, eine Synthese

117 Ebd., S. 42.

118 Ebd., S. 43.

119 Kronberg: Gesicht, S. 23.

120 Kronberg: Tagebuch vom 1. September 1915, zit. nach Wallas: Nachwort, S. 367.

121 Simon Kronberg: Das Angesicht der Liebe, V. 2–3. In: *Werke* I, S. 115.

122 Simon Kronberg: Dinge – Erster Tag. In: *Werke* I, S. 81 (unveröffentlicht, ca. 1916–1918).

123 Ebd., V. 8.

124 Hier erscheint 1921 *Schimen in der Stille*, auch andere Gedichte werden veröffentlicht, Wolf Przygode ist wichtig für seinen expressionistisch-lyrischen Ansatz (vgl. Wallas: Nachwort, S. 376–379).

der Neuerungen des Expressionismus mit Elementen eines Ästhetizismus zu einem kosmischen Ausdruck zu finden, so geht Kronberg darüber hinaus: Leben und Erde falten sich wie ein Buch und gründen darin eine aus Klang gebaute Stadt. Die Stadt der Toten ist damit auch ein Buch der Toten,[125] ihm entsteigt das Kaddisch als strahlende Neugründung auf Basis des Gebets.

> Vier Wände der Einengung standen um mich, derweil mich meine Wünsche folterten. Ich schlug die Wände mit den Schritten. Vier Wände der Verleugnung waren um mich. Ich lachte den Wänden Besinnung zu. Ich schrie den Glauben. Ich stürzte in Mattigkeit. Ich blühte gleich welk aus den Händen. So erhob ich jedesmal Leichen zum Gebet. Kaddisch rettete mein Wahres. [...] Ich aber erträumte mir Angst nach Angst.[126]

Das Bild des Tanzes bildet die Trennung des Selbst von der Emotion. Angst wird Chamlam von sich trennen, sich vortanzen: „Ich tanzte alle Angst mir vor.“[127]

Für Kronberg ist alles Strahlen ein Durchleuchten der „Knochengerüste“, einer im Grunde schamlosen Welt der Delila. Ihr steht der Dichter als Simson gegenüber: „Ohne Liebe war alles um mich und so wie ein abgenagter Knochen kam ich mir vor, an dem alle Nerven klebten und kein Schutzfleisch darum war.“[128] In dieser Situation wird die ‚Stadt der Toten‘ zur rettenden Bühne im Gegenlicht der Angst: „Du kommst zu den Straßen einer Stadt. Die Stadt erwartet dich. Die Laternen begrüßen dich. [...] Der Schatten zerrt und wächst.“[129]

Der performative Expressionismus Kornbergs kennt damit zwei Momente der Performanz: 1.) Die grausig, lauernde Performanz des Zerfalls, der in einer bühnenartigen Szenerie des Todes sichtbar wird (der Tanz Simsons) und 2.) den Tanz Chasáns, der einen Schatten gebiert. „Ich aber, *die Bewegung*, die sich stetig mitteilt, bin an dir, und du hütest mich.“[130]

Kronbergs Lyrik hütet in ihrer metrischen Gebärde eine Mitteilung, die in der Lesesituation performativ wird. Die Lesenden und das

125 So der Titel einer 1919 von Przygode herausgegebenen Anthologie mit Beiträgen im Krieg gefallener expressionistischer Dichter.

126 Kronberg: Chamlam, S. 168.

127 Vgl. ebd.

128 Kronberg: Tagebuch vom 3. Mai 1914. Zit. nach Wallas: Nachwort, S. 355.

129 Kronberg: Chamlam, S. 174.

130 Ebd., Herv. i. O.

lyrisches Ich oder Erzähl-Ich begegnen sich analog zu einer chorischen Situation: In der emphatischen Expression des Tanzes und in seinem Lese-Echo vermag der immaterielle Körper des Ichs im Lesen einen neuen Schatten zu gewinnen. Kronberg stellt uns in seinen Texten also immer schon einen *Tanzenden* an die Seite und ermöglicht so eine Begegnung mit dem scheinbar Verlorenen. Dessen Spur nämlich ist nach Kronberg ein Schatten, „geht nebenher und verdunkelt den Schritt.“[131] Bis gilt: „ich kenne keine Umgrenzung mehr. [...] Ich bin auf der Straße und fast glücklich.“[132] Der absolute Schatten wird in absoluter Finsternis zum „Kleid des Lichtes“, so wie der „ Körper das Kleid der Seele“[133] ist. Die Blindheit löst sich aus den dunklen Wänden des Würfels und die Durchlichtung verspricht eine Rückgewinnung der zerbrochenen Identität: Der Schatten wird das höhere Selbst, welches sich das Ich im ‚Selbstopfer‘ durch das überwundene Leid gewinnt.

So beantwortet Kronberg die Frage von Dalcroze, wie Schlemihls Schatten den Verlust seines Körpers ertrage,[134] in seiner Lyrik mit der Invokation der tänzerischen Gebärde.[135] Kronberg entgrenzt die gefaltete Stille im performativen Expressionismus seiner getanzten Gebete aus verbranntem Lachen. Sein Brandopfer des Narren[136] formt die ‚Strahlen des Moments‘ zu einem allumfassenden Tanz, der Körper und Schatten als Empfangende und Gebende in den gezählten Schritten seiner chorischen Lyrik vereint.

131 Kronberg: Der Tanzende, S. 338.

132 Ebd., S. 157.

133 *Der Sohar*, S. 106.

134 „Peter Schlemihl weinte übern den Verlust seines Schattens. Wir hören nichts davon, dass dieser Schatten auch den Verlust seines Körpers beklagt und beweint habe.“ (Dalcroze: *Rhythmus als Erziehungsmittel*, S. 145.)

135 Kronberg: Chasán, S. 209.

136 Der Lachende: Isaak. Abraham erhält den Auftrag, seinen Sohn Isaak im Land Morija als ‚Brandopfer‘ darzubringen (Gen 22). „Im Grunde kann man im normalen Zustand nicht verstehen, daß ein Mensch in einer solchen Konzentration ‚Leben‘ niederschreibt und daß es dabei von höllischem Gelächter nur so kracht. Also ist man einem Höheren verpflichtet, das einen auserwählt zu sowas. So dachte ich, lachte ich und wurde froh.“ (Simon Kronberg an Herta Kronberg, 18.09.1947, zit. in *Werke* II, Kommentar zu *Mamma*, S. 277.)

Momente des Performativen im Projekt *Tropfblut. Gedichte aus dem Krieg nach August Stramm*

Michael Bahn

Am 12. und 13. Juni 2012 standen sechs Student*innen[1] auf der Bühne des Theaterforum Kreuzberg in Berlin und führten sieben theatrale Spiele auf, die sie im Projekt *Tropfblut. Gedichte aus dem Krieg nach August Stramm*[2] erarbeitet hatten und die der gleichnamigen Sammlung *Tropfblut. Gedichte aus dem Krieg*[3] entstammten. Grundlage der Spielentwicklung bildete die Theatrale Lyrikuntersuchung, die sich das performative Moment des Leseprozesses zu Nutzen macht.[4] Eingebettet wurden die Spiele in die Szenerie einer weißen Wartesaalkulisse, in der die Darsteller*innen mit weißen Masken saßen. Parallel lief im Hintergrund eine monotone, sich wiederholende Aufnahme von Stramms Gedicht *Urtod*,[5] die in ihrer ununterbrochenen Wiederkehr die von Hermann Hesse in *Der Steppenwolf* beschriebene Kriegsvorbereitung durch Medien und Politik widerspiegeln sollte: „Zwei Drittel von meinen Landsleuten lesen diese Art von Zeitungen, lesen jeden Morgen und Abend diese Töne, werden jeden Tag bearbeitet, ermahnt, verhetzt, unzufrieden und böse gemacht, und das Ziel und Ende von dem allem ist wieder der Krieg."[6]

1 Wo in diesem Aufsatz nur die männliche Form verwendet wird, sind die weibliche Form und transidentitäre Formen impliziert.

2 *Tropfblut. Gedichte aus dem Krieg nach August Stramm* (Theaterforum Kreuzberg, Premiere: 12.06.2012, R: Michael Bahn / Anke Küpper).

3 Die Sammlung erschien zum ersten Mal unter dem Titel *Tropfblut. Gedichte* – herausgegeben von Herwarth Walden 1919. Der Titel *Tropfblut. Gedichte aus dem Krieg* entstammt der Werkausgabe unter der Verantwortung von René Radrizzani und wurde in der 1990er Zusammenstellung von Jeremy Adler übernommen. Vgl. dazu August Stramm: *Die Dichtungen. Sämtliche Gedichte, Dramen, Prosa*, hrsg. v. Jeremy Adler. München: Piper 1990, S. 393, 397.

4 Eine ausführliche Beschreibung der TLU findet sich in Michael Bahn: *Die Theatrale Lyrikuntersuchung. Eine Projektmethode*. Norderstedt: BoD 2014. Eine kurze, auf das Performative hin angelegte Zusammenfassung bietet der letzte Abschnitt dieses Aufsatzes.

5 August Stramm: Urtod. In: Ders.: *Die Dichtungen*, S. 103–104.

6 Hermann Hesse: *Der Steppenwolf*. Frankfurt am Main: Suhrkamp 1974, S. 152.

Die Darsteller*innen wollten das Publikum herausfordern, indem sie zu Beginn eine etwa fünfminütige Wartesaalszene einfügten, in der nichts geschah. Die eigentlich ruhige Welt des Wartesaals sollte zunehmend langweilen, um so eine Sehnsucht nach den anstehenden Kriegsdarstellungen auszulösen. Tatsächlich führte dies während der ersten Aufführung zu dem Ausruf „Oh nee!" einer Zuschauerin, als *Urtod* im Anschluss an das erste Spiel erneut erklang.
Mit Beginn der Kriegsspiele fand ein Maskenwechsel (im Wartesaal mit Maske, im Spiel ohne) der jeweils beteiligten Figuren statt. Diese Demaskierung war als Verbindung zu den im Krieg erlittenen Schicksalen gedacht: Nicht Soldaten ziehen in den Kampf, sondern Menschen müssen die Gräuel des Krieges durchleben.
August Stramms Texte wurden ausgewählt, weil sich vermuten lässt, dass der erlebnisqualitative Part des Anschlusspotenzials[7] in seinen Gedichten besonders hoch ist. Dies legen auch die Ausführungen von Frank Krause nahe, der Stramms Lyrik der mimetischen Kunst zurechnet, da sie „sich an den real möglichen Formen der Erfahrung" orientiere, „um die Illusion eines Ausschnitts der Realität zu erzeugen."[8] Für die Studierenden war diese Zuordnung ein Hinweis auf das Unfassbare, das Unbegreifliche des Kriegsgeschehens, das offenbar nach einem eigenständigen Ausdruck verlangte, der sich in Formen der Verfremdung niederschlug.[9]

Das Spiel *Triebkrieg*

Am Beispiel *Triebkrieg* lässt sich sehr gut zeigen, wie das performative Moment[10] des Rezeptions- und Verstehensprozesses Einfluss auf die

7 Vgl. dazu den letzten Abschnitt dieses Aufsatzes.

8 Frank Krause: *Literarischer Expressionismus*. Göttingen: V & R Unipress 2015, S. 156.

9 In einer Nachbefragung waren alle Teilnehmer*innen überzeugt, Zugang zu den vermittelten Kriegserfahrungen gefunden zu haben – ein weiterer Hinweis auf die mimetischen Eigenschaften der Kriegslyrik Stramms. Vgl. Bahn: *Die Theatrale Lyrikuntersuchung*, S. 224.

10 Gemeint ist funktionale Performativität. Diese fragt nach den „Wirkungen und Dynamiken, die ein Text an der Schnittstelle mit seinen Rezipienten entfaltet." (Hans Rudolf Velten: Performativitätsforschung. In: *Methodengeschichte der Germanistik*, hrsg. v. Jost Schneider. Berlin / New York: de Gruyter 2009, S. 549–571, hier S. 563.) Vgl. auch Erika Fischer-Lichte: *Performativität. Eine Einführung*. Bielefeld: Transcript 2012, S. 139–142.

Spielentwicklung nehmen kann. Grundlage der theatralen Umsetzung ist das gleichnamige Gedicht Stramms.

Um diejenigen Spielelemente herauszustellen, die aus den performativen Momenten des Lese- und Analyseprozesses entstanden, wird nachfolgend die Beschreibung des theatralen Spiels mit den Notizen des Verständnistagebuchs inklusive Spielplan (VT) sowie mit einem zusammenfassenden Aufsatz der Studentin (AS) verknüpft.[11] Eine Aufnahme des Stückes ist im Internet abrufbar[12] und eine umfassende Auswertung kann in *Die Theatrale Lyrikuntersuchung*[13] nachgelesen werden. Der hier jeweils angegebene Zeitindex bezieht sich auf die benannte Aufnahme.

TRIEBKRIEG

Augen blitzen
Dein Blick knallt auf
Heiß
Läuft das Bluten über mich
Und
Tränket
Rinnen See.
Du blitzst und blitzest.
Lebenskräfte
Lodern
Moder wahnet um
Und
Stickt
Und
Stickt.[14]

Die Grundstruktur der theatralen Umsetzung besteht aus einem Geschehen auf der Bühne und aus der Beobachtung des Geschehens vom rechten Bühnenrand aus (leider nicht im Bild).

Das lyrische Ich des Textes wird zum einen von der weiblichen Figur im Spielzentrum verkörpert, zum anderen von einer weiblichen Figur am Bühnenrand – es wurde also für das Spiel aufgespalten. Dies begründet sich im Verständnistagebuch damit, dass das lyrische

11 Nachfolgend werden im Text die Angaben VT und AS verwendet und wo möglich mit einer Seitenzahl sowie wo nötig mit der Angabe ‚li' für ‚linke Seite' versehen.

12 *Triebkrieg* ist unter nachfolgendem Link im Medienbereich als viertes Video zu finden: http://die-theatrale.de/2012/10/23/tropfblut/ (Zugriff am 17.05.2015).

13 Bahn: *Die Theatrale Lyrikuntersuchung*, S. 183–197.

14 August Stramm: Triebkrieg. In: Ders.: *Die Dichtungen*, S. 100.

Ich zwar „körperlich involviert" sei, „aber der Geist beobachtet & beschreibt" (VT 13). Durch die Trennung erfolgt die Wiedergabe des unmittelbaren Geschehens auf der Bühne (involviert), die im Gedicht festgehaltene Wahrnehmung und Beschreibung dessen hingegen vom Bühnenrand aus (beobachtet & beschreibt).
Ein weiterer Aspekt, der durch die Spaltung beschrieben wird, ist eine im Leseprozess wahrgenommene Distanz: „Wirkt wie die letzten Bilder / Gedanken / Wahrnehmungen eines sterbenden Individuums, wobei dieses zwar ausdrucksstarke Worte für die Sequenzen findet, selbst aber bereits eine Distanz zu ihnen hat" (VT 13). Obwohl das lyrische Ich etwas körperlich direkt erlebt (Präsensform der Verben), scheint es das Erleben aus einer distanzierten Perspektive wiederzugeben. Diese Distanzwahrnehmung liegt für die Studentin in der Vielzahl von unerwarteten Subjekten begründet (Augen / Blick / Bluten / Lebenskräfte / Moder), die in Teilen aus Personifikationen bestehen (VT 29 li).
In der Folge treten neben dem gespaltenen lyrischen Ich und dessen Gegenpart Du (erkennbar in den Pronomen Dein/Du) auch das ‚Bluten' und der ‚Moder' auf, die durch ihre Konkretisierung auf der Bühne eine Distanz zum dargestellten Geschehen entstehen lassen sollen. Interessant ist hier, dass die Personifikation (Moder) als handelnde Figur eine andere Qualität aufweist als das substantivierte ‚Bluten' (rote Handschuhe).
Das Geschehen selbst wird aus den Verben (knallt/läuft/tränket/blitzst und blitzest/lodern/wahnet/stickt und stickt) abgeleitet. Jedoch „werden vermutlich eher die Ergebnisse der Handlungen beschrieben", da die „Handlungen versteckt [sind, M. B.] unter ‚Augen blitzen', ‚Blick knallt auf' usw." (VT 19 li).
Auf der Bühne entfaltet sich daher ein Spiel, das durchsetzt ist von dem im Text wörtlich Beschriebenen und einem von der Studentin herausgearbeiteten dahinterliegenden Geschehen.
Determiniert wird die gesamte Darstellung vom Titel, der durch den Wortteil „Trieb" darauf hinweise, dass sich der Krieg hier „einer rational überlegten und geplanten Handlung [entzieht]" (AS 1). Und weiterführend: „Der im Krieg grundlegend vorhandene Trieb ist der Überlebenstrieb […]", „der […] im Äußersten einem Tötungstrieb [entspricht]", was aber „mit den Anforderungen der Umwelt, nicht zu töten" (AS 2), kollidiere.

0:10 – 0:48 – Vorspiel
Die Bühne ist unbeleuchtet.
Selbstkomponierte Musik ist zu hören.
Die Studentin sitzt als ein Teil des lyrischen Ich rechts am Bühnenrand und beobachtet das Geschehen.

Die zu Beginn einsetzende Musik ist als Vorspiel gedacht, das durch die „gezupfte und mit Halleffekt belegte Dur-Kadenz“ den „möglicherweise heilen Zustand vor Ausbruch des Krieges“ (AS 3) verdeutlichen soll, von dem sich das nachfolgende Geschehen gerade auch in der Stimmung abhebt.

0:49 – 3:00 – Augen blitzen
Musik blendet aus, Atemgeräusche und Herzschlag blenden ein, zunehmend lauter werdend.
Zwei Figuren in hautfarbenen Morphsuits (lyrisches Ich und das Du) nähern sich in kreisenden Bewegungen lauernd an, ohne einander wahrzunehmen.
Sie suchen mit den Augen nach einer möglichen Bedrohung.
Die Spielleiterin möchte eine angespannte Stimmung schaffen, die sich in ihrer Reflektion der wahrgenommenen Textwirkung aus dem Verb „blitzen“ (VT 16/20) und der Kürze des Verses ergibt (AS 2). In ihrer Assoziation entsteht zuerst „das Bild eines angriffslustigen, drohenden, lauernden Blickes“, woraus sie schlussfolgert: „Wo jmd./ etw. lauert, muss auch jmd./etw. sein, der/das zu belauern ist.“ (AS 3) Die lauernden, umkreisenden Bewegungen sind das Ergebnis dieser Schlussfolgerung.
Der Wechsel von angenehmen Dur-Klängen hin zu Atem und Herzschlag soll den Kontrast zum Vorspiel verstärken und gleichzeitig das „Existenzielle dieses fortgeschrittenen Kriegsstatus“ (AS 3) verdeutlichen.
Die Morphsuits stellen eine Verbindung zum Titel her, da sie „den Menschen in seiner natürlichen Rohform“ (AS 3) darstellen und somit auf das Triebhafte rückverweisen.

3:01 – 3:35 – Dein Blick knallt auf / Heiß / Läuft das Bluten über mich / Und / Tränket / Rinnen See.
Mit einem Knall endet die Atem-Herzschlag-Akustik und wird von einem Kinderlied abgelöst.

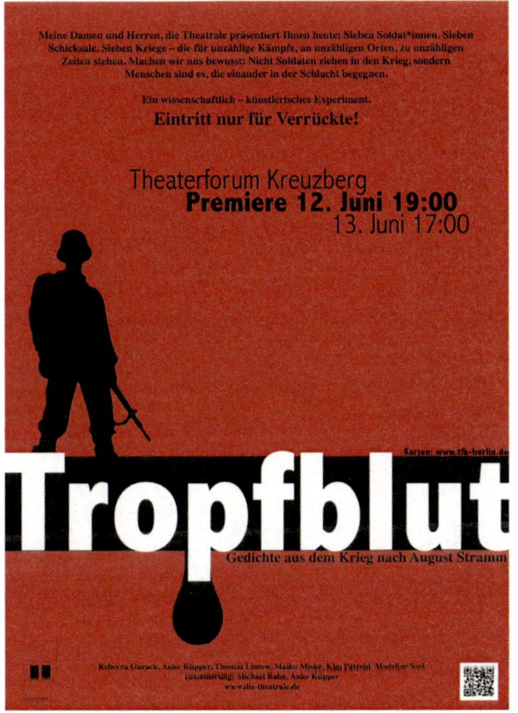

Abb. 1
Werbeplakat
zum Projekt *Tropfblut*.

Das weiße Bühnenlicht scheint mit dem Knall hell auf und wird rot.
Gleichzeitig schießen die in roten Handschuhen steckenden Hände (das Bluten) vor.
Die Hände gleiten über den Körper des lyrischen Ich und bilden am Fußende eine Lache.
Das Du hält eine Waffe in der Hand, die erst langsam sichtbar, dann fallengelassen wird – im selben Moment wechselt das Licht wieder von rot zu weiß und die Akustik zu Atem-Herzschlag.
Durch das Possessivpronomen „Dein" und das Verb „knallt auf" entstehen für die Studentin „die Assoziationsbilder Waffe, Gefahr und Bedrohung" (AS 4). Das Du, so die Deutung, hat das lyrische Ich tödlich getroffen. Die vorschnellenden, dann für einen Moment ruhenden roten Handschuhhände der Figur Bluten stellen die Wunde dar.
Der Lichtwechsel zeugt vom Moment der Erkenntnis: Die Verletzung ist tödlich. Ebenso verweist das Kinderlied darauf, dass hier

„ein Mensch […] kurz vor seinem Tod noch einmal sein Leben Revue passieren" lässt (AS 6).

Dass die Wörter „Heiß" sowie „Und" eigenständige Verse bilden, provoziert für die Spielleiterin ein Stocken im Leseprozess. Dieses Stocken korrespondiert mit der erlittenen Verletzung, „da Schmerz – Schock – Realisieren[,] woher der Schmerz kommt", Zeit benötige (VT 31). So werde der stockende Atem des sterbenden lyrischen Ichs auf den Leseprozess übertragen (VT 32).

Während der Lichtwechsel zu rot auf das Stocken beim Wort „Heiß" verweist, spiegeln das Fallenlassen der Waffe, die nächste Lichtänderung sowie die neue Akustik das zweite Stocken wider – das lyrische Ich verlässt den Moment der Erinnerung und kehrt in die Gegenwart zurück.

3:36 – 3:45 – Du blitzst und blitzest.
Mit einem auffälligen Luftschnappen geht ein Ruck durch das Du, durch beide Figuren des lyrischen Ich sowie durch eine im Wartesaal sitzende Figur.

Diese Textstelle wurde von Beginn an als „unklare Textstelle" (VT 2) behandelt. Die Form „blitzest" als möglicher Konjunktiv I und damit als ein Zitat von „blitzst" ergibt schließlich einen „Bruch im Text", wodurch „ein unangenehmes Gefühl ohne genaue Zuordnungsmöglichkeit [entsteht]" (AS 7). Dieser Bruch im Lese- und Verstehensprozess wird nun durch einen Spielbruch ersetzt, indem der Erkenntnismoment des Du, das lyrische Ich tödlich verletzt zu haben, über die Spielszene hinaus in den eigentlich außerhalb dieser Fiktion stehenden Wartesaal nachhallt.

3:46 – 4:00 – Lebenskräfte / Lodern
Das weiße Licht weitet sich auf die gesamte Spielfläche aus.
Die Atemgeräusche werden lauter, mit Hall gedoppelt und ähneln zunehmend einem Ringen nach Luft.
Du und lyrisches Ich ringen mit sich selbst.

Da im Text das Lodern der Lebenskräfte keiner Figur direkt zugeordnet wird, vermutet die Studentin eine Ausweitung der Aussage, die „den Zoom vom Einzelschicksal" verlässt und „mehr Breite" erhält, denn dieses Geschehen „betrifft alles Lebende" (AS 8), weshalb das Licht ausgeweitet wird und sich die Atemgeräusche vervielfältigen.

4:01 – 5:50 – Moder wahnet um / Und / Stickt / Und / Stickt.
Im Hintergrund erhebt sich die Figur Moder, während die Atemgeräusche zunehmen.
Lyrisches Ich und das Du ringen weiter mit sich selbst, Moder tritt langsam vor und zieht jedem einen Sack über den Kopf – beide gehen zu Boden.
Moder bewegt sich über die Bühne.
Die Akustik wird zu einem lauten Dröhnen.
Der Lichtkegel wird enger, wechselt dann von weiß zu blau und aus.
Indem die „Atemgeräusche vervielfacht und ein überzogener Halleffekt sowie Übersteuerungen in den Tiefen" eingesetzt werden, nimmt die Akustik „das Gefühl des bedrohlich Unbekannten" auf und „verzerr[t] das Geschehen" (AS 9).
Der Moder wird als personifizierte „Katastrophe" (AS 9) gelesen. Seine „durch Irrsinn und Irrationalität geprägte Bewegungsart" ist eine Umsetzung der Verbhandlung „wahnet um", deren Infinitiv ‚umwahnen' auf eine Ableitung von ‚Wahn' hindeute und „die durch nichts aufzuhalten scheint" (AS 9).
In der Konsequenz er-„stickt" der Moder das lyrische Ich und das Du, die sich beide nicht wehren können.
Mit dem lyrischen Ich auf der Bühne stirbt auch jenes am Bühnenrand.
Der Moder bewegt sich in seiner Unaufhaltsamkeit fort. Die Katastrophe reicht also über die dargestellten Figuren hinaus.
Diesen letzten Aspekt machen auch Licht und Ton deutlich. Denn ersteres „zieht sich zusammen", während letzterer „in sich erstickt" (AS 9). Beides wird von der Spielleiterin als Konsequenz aus dem Punkt am Ende gelesen, der „auf ein allumfassendes Ersticken und Vergehen schließen" (AS 9) lasse, und beides überträgt dieses Vergehen auf die Wahrnehmungsmöglichkeiten der Zuschauer*innen.

Die Theatrale Lyrikuntersuchung

Das oben beschriebene Spiel entstand auf Basis der Theatralen Lyrikuntersuchung (nachfolgend TLU), die nun abschließend mit Blick auf die Rolle performativer Elemente kurz erläutert wird.
1984 rückte Wolfgang Iser den Leser ins Zentrum literaturwissenschaftlicher Betrachtung, als er seine rezeptionsästhetischen

Überlegungen in *Der Akt des Lesens. Theorie ästhetischer Wirkung*[15] vorstellte. Darin beschreibt er den Leseprozess als die Sinnentfaltung eines im Text angelegten, wirkungsästhetischen Potenzials und unterscheidet diese Wirkungserfahrung von der Verarbeitung selbiger, die er als bedeutungskonstituierende Handlung charakterisiert.[16]
Gleichzeitig erhebt Iser die Sinnentfaltung zur eigentlichen Werkkonstitution, die sich aus dem Zusammenspiel von Leser und Text ergibt: „Der Text gelangt […] erst durch die Konstitutionsleistung eines ihn rezipierenden Bewußtseins zu seiner Gegebenheit, so daß sich das Werk zu seinem eigentlichen Charakter als Prozeß nur im Lesevorgang zu entfalten vermag."[17] Das Werk als Prozess, der vom Text ausgehend sich im Leser erfüllt, entsteht somit aus dem performativen Moment einer emotionalen, ästhetischen Erfahrung heraus sowie aus dem performativen Vollzug einer inneren Vorstellungsbildung.
Diesen grundsätzlichen Überlegungen Isers folgt die TLU. Sie ist ein Untersuchungsverfahren für Gedichte, dessen Ziel es ist, ein subjektorientiertes Textverstehen zu ermöglichen, das sich intersubjektiv vermitteln lässt. Mit Hilfe einer theatralen Perspektive und möglichst genauer Selbstbeobachtung werden sinntragende Strukturen herausgearbeitet, auf deren Grundlage anschließend ein theatrales Spiel entwickelt wird. Die Besonderheit der TLU liegt in der Aufgabe, nicht nur inhaltliche Aspekte in Spiel zu übertragen, sondern auch die mit ihnen zusammenhängenden Strukturen in theatrale Gestaltungsmittel umzuwandeln. So entsteht ein Transformationsprozess, in dessen Verlauf ausgewählte Elemente der Oberflächen- und Tiefenstruktur des Gedichts zu theatralem Spiel werden. Auswahl und Zusammenhang dieser Elemente basieren dabei auf dem subjektiven Textverständnis des jeweiligen Rezipienten.
Der für Außenstehende eigentlich nicht wahrnehmbaren Werkkonstitution im Leser wird dadurch eine Ausdrucksmöglichkeit gegeben, die im Moment ihrer Manifestation in einen neuen, theatral geprägten Rezeptionsraum übertritt.

15 Wolfgang Iser: *Der Akt des Lesens. Theorie ästhetischer Wirkung*. 2., durchges. u. verb. Aufl. München: Fink 1984.

16 Ebd., S. 41–42.

17 Ebd., S. 39.

Ausgehend von Isers Annahme, dass jeder literarische Text „eine von seinem Autor entworfene perspektivische Hinsicht auf Welt“[18] sei, lässt sich annehmen, dass auch die mit dieser Hinsicht auf Welt verbundenen Eindrücke grundsätzlich in den Text eingeschrieben wurden, wie auch die Vorstellungsbildungen des Autors im Verlauf des Schreibprozesses ihren Weg in den Text finden. Diese Eindrücke und Vorstellungen bilden Anschlusspotenziale, welche dem Leser zur Vorstellungsbildung dienen und unterschiedlicher Art sein können – z. B. bildnerisch, akustisch, emotional etc.

Was nun bei Iser über den impliziten Leser geregelt wird, nämlich die Sammlung sinntragender Strukturen in einer von jedem Leser einzunehmenden Leserrolle sowie die damit zusammenhängende Aktivierung des Sinnpotenzials in größtenteils vorgegebener Form, obliegt im Rahmen der TLU vor allem dem Leser.[19] Er schlüpft nicht in eine Rolle, sondern besitzt Anschlusskompetenzen, die von seinem individuellen Können und den Lebenserfahrungen abhängen.[20] Mit Hilfe dieser Fähigkeiten ist es ihm möglich, sich sowohl die strukturelle als auch die erlebnisqualitative Komponente der Anschlusspotenziale zu erschließen, die hier nur kurz erläutert werden können.

Anschlusspotenziale entstehen, wie bereits erwähnt, aus den Eindrücken und Vorstellungsbildungen des Autors. Diese schreiben sich teilweise bewusst, teilweise unbewusst in den Text ein. Sie schlagen sich folglich in dessen Oberflächen- und Tiefenstruktur nieder. Schließt nun der Leser an ihre strukturelle Komponente an, so generiert er im Zusammenspiel mit dem Text einen ihm zugänglichen Bedeutungszusammenhang. Gleichzeitig wird damit aber auch ein Anschluss an die erlebnisqualitative Komponente vorgenommen. Sie ist Auslöser für die Wirkungen auf den Leser – also sowohl für die emotionale Reaktion als auch für den Anstoß zur Vorstellungsbildung. Beide Komponenten werden vor dem lebensweltlichen Hintergrund des Lesers aktiviert. Sie können somit von Leser zu Leser und von

18 Ebd., S. 61.

19 Wird die TLU in ihrer Gesamtheit umgesetzt, nehmen die Anwender*innen verschiedene Rollen ein – Leser, Deuter, Spielleiter und Spieler. Die ersten drei Rollen sind im Lese- und Verstehensprozess zwar unterschiedlich stark, aber zumeist gleichzeitig besetzt. An der hier beschriebenen Stelle überwiegt die Leserrolle, obwohl bereits eine theatrale Perspektive eingenommen wird.

20 Vgl. dazu ausführlich Bahn: *Die Theatrale Lyrikuntersuchung*, S. 124–125.

Leseprozess zu Leseprozess unterschiedliche Stärken in der Potentialentfaltung aufweisen – je nachdem, welche von ihnen größeren Einfluss im Lese- und Verstehensprozess einnimmt. Trotzdem ist der strukturelle Part des Anschlusspotenzials nicht ohne den erlebnisqualitativen zu denken und umgekehrt verhält es sich ebenso.

Dies macht sich die TLU zu eigen, indem sie ihre Anwender dazu auffordert, die performative Komponente nicht nur passiv zu erleben, sondern aktiv wahrzunehmen. So wird eine Rückführung der erfahrenen Wirkungen auf den Text und damit verbunden die Bewusstmachung der dazugehörigen strukturellen Komponente möglich.

Durch das Notieren von textbezogenem Erleb(t)en und neu gewonnenen Erkenntnissen entsteht ein Verständnistagebuch, das neben dem wachsenden Verstehen auch das Wechselspiel zwischen struktureller und erlebnisqualitativer Wahrnehmung dokumentiert. Es ist der Sammelpunkt aller Beziehungen zum Text, beinhaltet einen variablen Fragenkatalog und wird gleichzeitig zum Ausgangspunkt der Spielentwicklung, die ein dramaturgischer Plan festhält.

Die Theatrale Lyrikuntersuchung ist zusammengefasst ein Verfahren, das genutzt werden kann, um mit Hilfe der theatralen Perspektive die Performativität des Rezeptionsprozesses bewusst zu machen. In Folge der Transformationsaufgabe rücken beide Komponenten der Anschlusspotenziale verstärkt in den Blick. Das theatrale Spiel bietet neben einer anspornenden Motivation zur Textarbeit vor allem die Möglichkeit, sowohl dem strukturellen als auch dem erlebnisqualitativen Part im Horizont des eigenen Textverstehens einen nicht allein sprachlichen Ausdruck zu verleihen. Stattdessen wird die Bildhaftigkeit der strukturellen mit den erfahrenen Wirkungen der erlebnisqualitativen Anschlusskomponente verknüpft und in eine theatrale Form transformiert, die besser geeignet scheint, um das im Lese- und Bearbeitungsprozess entworfene subjektive Textverständnis intersubjektiv nachvollziehbar vorzustellen. Dass durch die Wahl des theatralen Spiels als Mittler dieses Textverstehens ein neuer Rezeptionsraum für die angesprochenen Adressaten eröffnet wird, kann insbesondere dann als Vorteil betrachtet werden, wenn es deren Neugier weckt, um so den Gedichten in eigenen Leseprozessen zu neuer Verwirklichung zu verhelfen.

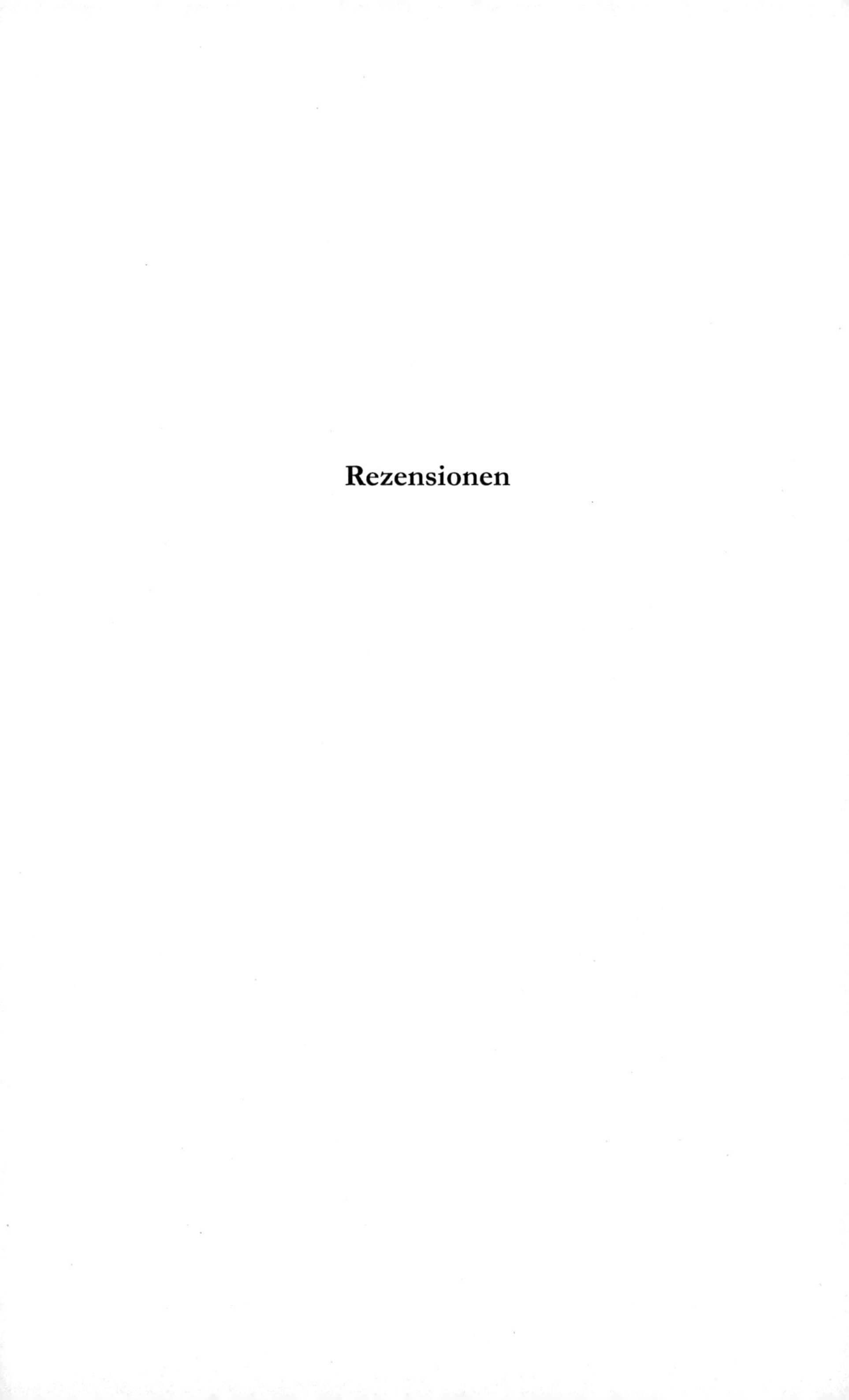

Rezensionen

Auf der Suche nach der Wirklichkeit hinter der Wirklichkeit

Frank Krause: *Literarischer Expressionismus.*
Rezensiert von Sandy Scheffler

Nachdem vor sieben Jahren im Fink Verlag Frank Krauses Monographie *Literarischer Expressionismus* zuerst erschienen ist, liegt nun die zweite Auflage im Verlag V&R Unipress vor. Im Vorwort zur neuen Auflage wird erläutert, welche Änderungen, Ergänzungen und Neuerungen vorgenommen worden sind. Das betrifft vor allem die vom Autor als hilfreich eingeschätzte und umgesetzte Kritik, die Robert Krause in seiner Rezension zur ersten Auflage gegeben hat,[1] und zudem das neu hinzugekommene „Aufbaumodul 3: *Spatial* und *material turns*". Zusätzlich zu diesen Änderungen ist zu konstatieren, dass in der neuen Auflage die sogenannten „Testfragen" im Inhaltsverzeichnis in das Wort „Fragen" abgewandelt wurden, womit einer terminologischen Vereinheitlichung im Vergleich zur Begriffsverwendung im Gesamttext gefolgt wurde. Auf graphische Abgrenzungen von „Fragen" und „Zusammenfassungen" in Form von Kästen mit grauer Schattierung sowie auf Schlagwörter am Seitenrand wurde im Gegensatz zur ersten Auflage verzichtet, was der Handhabbarkeit und der raschen, funktionalen Übersicht jedoch keinen Abbruch tut. Dafür sorgt die präzise Eingrenzung des Themas und die sorgfältige inhaltliche Aufbereitung innerhalb zweier Basismodule und dreier Aufbaumodule. Die Begriffe „Basismodul" und „Aufbaumodul" stehen denn synonym für das Profil des Buches. Schritt für Schritt nähert sich Krause dem *Literarischen Expressionismus.* Auf der Grundlage des Epochenbegriffs und der dargelegten Forschungstendenzen in den Basismodulen wird in den Aufbaumodulen nacheinander erarbeitet, wie sich die „Probleme der Epoche" (Aufbaumodul 1) in ihren typischen „Formen" (Aufbaumodul 2) niederschlagen und sich letztlich in „spatial turns" und „material turns" positionieren (Aufbaumodul 3). Der bewährte Fragenkatalog bietet sich zur Überprüfung des Lernfortschritts an. Ein knapper, hinreichender „Antwortteil" (283–288) stellt in sogenannten „Schlüsseln" die Lösungen bereit. Der Fokus Krauses liegt in der Monographie zum einen auf dem spezifischen Charakter der literarischen Epoche und zum anderen auf Forschungsdesideraten, denen er sich mit der kulturwissenschaftlichen Öffnung hin zu den „spatial" und „material turns", die in der jüngeren Forschung verortet sind, selbst zuwendet. Inhaltliche Bezüge zur Technologie, zur Philosophie, zur Lebensweltlichkeit zu beleuchten, ist ihm ein wichtiges Anliegen. Sein Buch bietet in dieser Hinsicht ein reichhaltiges Areal an zum

1 Robert Krause: Frank Krause. *Literarischer Expressionismus.* Paderborn: Fink 2008. In: *Hugo Ball Almanach. Neue Folge* 1 (2010), S. 162–165.

Teil auch vernachlässigten Themen, wie z. B. der jüdischen Strömung innerhalb des Expressionismus.

Krause erläutert detailreich und interpretativ anhand leicht zugänglicher Textbeispiele, zumal in Abgrenzung benachbarter Epochenbegriffe wie etwa dem Naturalismus, dem Symbolismus oder dem Jugendstil, was es heißt, „dass die Denkformen des Expressionismus uneinheitlich sind" (38). Als einigendes Movens stellt er überzeugend heraus, dass die „Neuerung" im Expressionismus darin besteht, dass es gilt, den „metaphysisch fundierten Anspruch auf ein selbstbestimmtes Leben [zu] erneuern, der in der vorangegangenen Epoche aufgelöst wurde" (27). Die metaphysische Sehnsucht nach dem Kern der Überzeitlichkeit und nach der Amalgamierung mit einer göttlich gearteten, immateriellen Existenz verleihen den literarischen Texten dieser Epoche eine eindringliche Kraft, die die Grenzen der Ästhetik aufsprengt und ins Zentrum der ewigwährenden menschlichen, allzumenschlichen Frage vorstößt, was für einen Sinn das augenscheinlich hinfällige, vorübergehende Dasein des Menschen hat. Messianische Erlösungstöne und skeptische Entfremdungsbilder wechseln aus einer tief empfundenen Haltlosigkeit heraus einander ab und formen den expressionistischen Stil aus. Inhaltliche Disharmonien werden z. B. in Gedichten mit „reimlosen, metrisch unregelmäßigen Zeilen mit gelegentlichen Zeilensprüngen (Enjambements) beton[t]" (37). Während die messianische Antwort auf die problematische Frage nach Selbstbestimmung und Wahrheitsanspruch jenseits belastender, konventioneller Zwänge lautet, dass der ästhetische Ausdruck der „menschliche[n] Innerlichkeit" (74) sehr wohl eine Form zur Rettung anbietet, bescheinigt der expressionistische Skeptizismus der Ästhetik, in die Ausweglosigkeit der Krise hineinzuführen (vgl. 66, 74). Diese Krise erweist sich nach Krause an vier typischen Komponenten als symptomatisch, und zwar anhand des „Nihilismus", anhand einer weitgreifenden „Funktionalisierung", einer überbordenden „Reizüberflutung" und anhand der zunehmenden „Verweltlichung der Lebensstile" (135). Aller Uneinheitlichkeit zur Konzeption *eines* Expressionismus zum Trotz lässt sich dennoch ein verbindendes Motiv innerhalb der unterschiedlichen Strömungen und Denkansätze konstatieren, dass nämlich der „Expressionismus [...] die Wirklichkeit dessen, was uns als wirklich erscheint, radikal in Frage" stellt und „nach einer wahren Wirklichkeit hinter der bloßen Erscheinung" sucht (55).

Der Epoche des Expressionismus mit all ihren ‚uneinheitlichen Denkformen' ist die Aufgabe zuteilgeworden, auszuloten, wie und ob formgebende ästhetische Prozesse mit einem Anspruch auf selbstbestimmte Formen zu leben vereinbar sind. Zyklische Formenwandel erscheinen dabei als metaphysische Vollendungsprozesse, die sich in ihrer Materialität als endlich und in ihrer Transzendenz als unendlich und schöpferisch zugleich offenbaren. Das sich daraus ergebende Spannungsfeld generierte die Neuartigkeit, unter der sich der Expressionismus als Epoche verdichtete. Wie Krause konstatiert, gilt dieses Paradigma bis heute als wiedererkennbares zeitaktuelles Problem (vgl. 41). Nichtsdestotrotz darf dies nicht darüber hinwegtäuschen, dass die Problemstellung des Expressionismus gemeinhin als eine theoretische daherkommt, was Krause als Indiz dafür ansieht, dass expressionistische Literatur es sowohl im historischen als auch im gegenwärtigen Kontext, bis auf die Ausnahmen Franz Kafka und Georg Trakl, mehrheitlich nicht auf die Leselisten der literarisch interessierten Öffentlichkeit schafft. Vielmehr sind es „Expertenkulturen", deren Handwerkszeug die theoretische Auseinandersetzung ist, die im literarischen Expressionismus ein adäquates Betätigungsfeld vorfinden, und zwar sowohl in der Gegenwart als auch zu seiner Blütezeit (vgl. 40). Das hier reflektierte, breite Spektrum der Expressionismusforschung zeigt, dass Krauses Monographie eine der Weitläufigkeit des Feldes angemessene Einführung anbietet, die eine gut strukturierte Komplexität aufweist und überdies anschlussfähig gegenüber fortführenden Studien ist.

Frank Krause: *Literarischer Expressionismus.*
V&R Unipress. Göttingen, Januar 2015, 320 S.
Taschenbuch 39,90 € (ISBN 978-3-8471-0363-9).

Abbildungsverzeichnis

Lidia Głuchowska: „Nicht unsere Werke sind wichtig, sondern das Leben."

Abb. 1: Plakate der ersten Ausstellung der Gruppe Bunt [Revolte] in Poznań [Posen], April 1918, mit dem Motiv des Linolschnitts von Stanislaw Kubicki *Der Turmbau zu Babel* [*Revolution*], Reprint. Daneben eine der 31 Grafiken, zugehörig zur Präsentation „Ulotka" [Flyer], inspiriert vom Werk und Programm der Gruppe Bunt [Revolte]: Wojciech Kołacz: *Nowy Ład* [Die neue Ordnung], Digitalprint, 2015. Fragment des Arrangements der Ausstellung *‚Bunt' – Expressionismus – Grenzübergreifende Avantgarde. Werke aus der Berliner Sammlung von Prof. St. Karol Kubicki* im Muzeum Okręgowe im. Leona Wyczółkowskiego in Bydgoszcz (25.06.–23.08.2015). Kuratorin: Lidia Głuchowska.
Foto & © Lidia Głuchowska, 2015.

Abb. 2: Titelblatt der Sondernummer der Posener Zeitschrift *Zdrój*, der Gruppe Bunt gewidmet (1918, Bd. III, Nr. 1), mit dem Linolschnitt *Der Ruderer* von Stanislaw Kubicki.
Privatsammlung Berlin. Foto: Lidia Głuchowska.

Abb. 3: Titelblatt der Sondernummer der Berliner Zeitschrift *Die Aktion – Polnische Kunst*, der Gruppe Bunt gewidmet (1918, Bd. VI, Nr. 21–22), mit dem Linolschnitt *Bunt* [Revolte] von Stanislaw Kubicki, einer Spiegelung seiner Grafik *Der Ruderer.*
Privatsammlung Berlin. Foto: Lidia Głuchowska.

Abb. 4: Wand mit den Werken von Stefan Szmaj in der Ausstellung *‚Bunt' – Expressionismus – Grenzübergreifende Avantgarde* im Muzeum Okręgowe in Bydgoszcz. Links der Linolschnitt *Kuss*, eines der fünf Werke, welche 1918 in Poznań einen *succès du scandale* hervorriefen.
Privatsammlung Berlin. Foto & © Lidia Głuchowska.

Abb. 5: *Einladungszettel zur Internationalen Ausstellung revolutionärer Künstler* in Berlin 1922, mit dem Motiv des Linolschnitts *Der Einsame* von Stanislaw Kubicki, ca. 1919.
Privatsammlung Berlin. Foto: Lidia Głuchowska.

Abb. 6: Arrangement der Schenkungsausstellung *‚Bunt' – Expressionismus – Grenzübergreifende Avantgarde* im Muzeum Okręgowe in Bydgoszcz. Generalansicht. Links: einer der zwei Ständer der zeitgenössischen Kunstpräsentation *Ulotka* (Flyer) sowie Linolschnitte und Zeichnungen von Stanislaw Kubicki. Rechts: Werke von Stefan Szmaj aus dem Besitz dieses Museums sowie des Muzeum Narodowe in Poznań und einer Privatsammlung (alle ehemals Sammlung Kubicki). Hinten Teilansicht der Kunstpräsentation *Ich 7* (Sie 7), die Plastik *Cerber* von Małgorzata Kopczyńska, der Linolschnitt *Transfiguration* von Andrzej Bobrowski und Digitalprints aus der Serie *Cnoty kardynalne* (Haupttugenden) von Maciej Kurak.
Foto: Lidia Głuchowska.

Abb. 7: Andrzej Bobrowski: *Refleks* [Reflex], Motiv des Plakats der gleichnamigen Ausstellung in Poznań, die vom Werk und Programm der Gruppe Bunt inspiriert wurde, Linolschnitt, 2014.
Privatsammlung Poznań. Foto: Lidia Głuchowska.

Call for Papers: Expressionistinnen

Expressionismus, Ausgabe 04/2016
Herausgegeben von Kristin Eichhorn und Johannes S. Lorenzen

Kaum eine Kunstrichtung scheint so stark männlich dominiert zu sein wie der Expressionismus: Nicht nur sind es in der Regel Männerzirkel, die in den Blick geraten. Auch das ästhetische Konzept und die an Marinetti geschulte Rhetorik spielen häufig gerade das ‚Jugendlich-Männliche' gegen die ‚verweiblichte' bürgerliche Gesellschaft aus, gegen die man mit Kriegsbegeisterung, einer nicht am Leitbild des Schönen orientierten Kunst sowie radikalen Traditionsbrüchen und Formzertrümmerung zu Felde zieht. In der jüngeren Vergangenheit werden freilich die Stimmen immer lauter, die darauf hinweisen, dass auch eine Reihe von Frauen zu den expressionistischen Zirkeln gehört hat, deren Einfluss nicht immer so unbedeutend war, wie es ihre Rezeption nahelegt. Im Bereich der Bildenden Kunst wäre etwa an Paula Modersohn-Becker oder Gabriele Münter, in der Literatur an Else Lasker-Schüler oder Emmy Hennings zu denken. Dank eines 1992 erschienen Sammelbands ist es inzwischen leicht, eine Liste weiterer weiblicher Akteure im Umkreis des Expressionismus zu erstellen und sich über deren Werk und Leben zu informieren.[1] Weiterhin haben Anthologien literarische Texte von Expressionistinnen wieder zugänglich gemacht.[2]
Das vierte Heft der Zeitschrift *Expressionismus* möchte an diese Bemühungen der Forschung anschließen und die Rolle weiblicher Künstlerinnen (in allen Kunstformen) thematisieren. Einerseits ist die Frage zu stellen, welche weiteren Expressionistinnen grundsätzlich zu berücksichtigen wären und in welcher Weise sie an der ästhetischen Bewegung teilhatten. Da sich die bisherigen Darstellungen vorrangig auf Bildende Kunst und Literatur konzentrieren, wäre es besonders reizvoll, nach vergessenen Expressionistinnen auch in anderen

1 Britta Jürgs (Hrsg.): *Wie eine Nilbraut, die man in die Wellen wirft. Portraits expressionistischer Künstlerinnen und Schriftstellerinnen.* Berlin: AvivA 1992.

2 Hartmut Vollmer (Hrsg.): *„In roten Schuhen tanzt die Sonne sich zu Tod". Lyrik expressionistischer Dichterinnen.* Zürich: Arche 1993; Hartmut Vollmer (Hrsg.): *Die rote Perücke. Prosa expressionistischer Dichterinnen.* Paderborn: Igel 1996. – Beide Anthologien sind inzwischen in Neuauflagen verfügbar.

Bereichen (z.B. Film, Architektur) zu fragen. Andererseits sind die Portraits der bereits bekannten Expressionistinnen um vertiefende Studien zu erweitern, etwa (aber nicht nur) um die exemplarische Auseinandersetzung mit einzelnen Werken.
Leitfragen können auch das Verhältnis einzelner Expressionistinnen untereinander betreffen: Sind die weiblichen Akteure immer Teil gemischter Künstlergruppen oder gibt es auch spezifisch weibliche Kooperationen? Wie verhalten sich ästhetisches Programm und ästhetische Mittel zu denen der männlichen Expressionisten? Greifen die Frauen die Rebellion und Formzerstörung (anders) auf als ihre männlichen Kollegen? Welche Relationen gibt es zwischen der Darstellung der Frau in der expressionistischen Kunst (Geschlechterkampf, Prostituiertenmilieu) und der weiblichen Kunstproduktion selbst?

Abstracts zu diesen, aber gerne auch anderen thematisch einschlägigen Aspekten von nicht mehr als 2.000 Zeichen senden Sie bitte bis zum 1. Januar 2016 an eichhorn@neofelis-verlag.de und lorenzen@neofelis-verlag.de. Zudem werden unabhängig vom Thema des Hefts auch immer Vorschläge für Rezensionen oder Diskussionsbeiträge zu aktuellen Forschungsdebatten entgegengenommen, die Phänomene der aktuellen Expressionismus-Rezeption vorstellen und besprechen.
Die fertigen Beiträge sollten einen Umfang von 20.000 Zeichen (inkl. Leerzeichen und Fußnoten) nicht überschreiten und sind bis zum 1. Juni 2016 einzureichen. Das Heft erscheint Anfang November 2016.

Expressionismus

hrsg. von Kristin Eichhorn

Bisher erschienen
01/2015 – *Künstlerkreise* (hrsg. zus. mit Johannes S. Lorenzen)
02/2015 – *Der performative Expressionismus* (hrsg. zus. mit Johannes S. Lorenzen)

In Planung
03/2016 – *Religion*
04/2016 – *Expressionistinnen*